科技特派员制度在河北的实践研究

蔡　惠　杨越冬　著

燕山大学出版社
·秦皇岛·

图书在版编目（CIP）数据

科技特派员制度在河北的实践研究 / 蔡惠，杨越冬著. —秦皇岛：燕山大学出版社，2023.7

ISBN 978-7-5761-0554-4

Ⅰ. ①科… Ⅱ. ①蔡… ②杨… Ⅲ. ①农业科技推广—研究—河北 Ⅳ. ①F327.22

中国国家版本馆 CIP 数据核字（2023）第 146709 号

科技特派员制度在河北的实践研究

KEJI TEPAIYUAN ZHIDU ZAI HEBEI DE SHIJIAN YANJIU

蔡　惠　杨越冬　著

出 版 人：陈　玉

责任编辑：刘馨泽　　策划编辑：刘馨泽

责任印制：吴　波　　封面设计：刘馨泽

出版发行：燕山大学出版社 YANSHAN UNIVERSITY PRESS　　电　　话：0335-8387555

地　　址：河北省秦皇岛市河北大街西段 438 号　　邮政编码：066004

印　　刷：廊坊市印艺阁数字科技有限公司　　经　　销：全国新华书店

开　　本：710 mm×1000 mm　1/16　　印　　张：11.5

版　　次：2023 年 7 月第 1 版　　印　　次：2023 年 7 月第 1 次印刷

书　　号：ISBN 978-7-5761-0554-4　　字　　数：186 千字

定　　价：49.00 元

目　录

第一章
科技特派员制度概述

第一节　农业技术推广概述

一、农业技术推广的内涵和意义

《中华人民共和国农业技术推广法》中提到，农业技术推广是指所有通过试验、示范、培训、指导以及咨询服务等，把农业技术普及应用于农业产前、产中、产后全过程的活动。

农业技术推广的意义在于把抽象的科学技术运用到实际的农业生产行为活动中，对科技成果的转化落地和创新有着至关重要的作用，能强有力地促进农业生产力的发展和农业竞争力的提升。随着我国农业产业结构的持续调整和优化，我国农业正朝着集约化、规模化、现代化的方向前行，并逐步演化出种、养、加、贸一体化的发展模式，建立了由政府主导的农业技术推广体系，包括种植业技术推广体系、水产业技术推广体系、畜牧业技术推广体系、水利技术推广体系、农业机械化技术推广体系以及林业技术推广体系等，并建立了从国家到各省、市和乡镇，自上而下的、多层级的六大技术推广体系。例如，国家层面有全国农业技术推广中心，省、市级也相应地成立有农业技术推广中心和一系列的农业综合技术推广站、土壤肥料站、植被保护站、种子延续站等，这些都是我国农业科技推广的坚固基石。随着我国农业技术推广体系不断健全，过去单一的政府主导型农业推广体系已经不再适应农村产业发展需求，而以政府推广体系为主导，农业科教部门、农民合作经济组织、城乡供销社、新型企业组织、有关群众团体等协同参与的农业科技推广体系正在蓬勃发展，不断将先进的农业技术在中国农村地区推广应用。

二、农业技术推广特点

现阶段，我国的农业技术推广体系的基本构架形成于计划经济时代，经过 40 多年的发展和演进，已形成了自上而下的，以国家、省、市、乡镇级农业技术推广组织为主体，农业、畜牧、渔业、农机、林业等相关行业部门协助配合的，具有中国特色的农业技术推广体系。长久以来，这一体系挂靠政府行政机构，经费完全由财政提供，人员都是行政事业编制，因此，我国农业技术推广有如下特点。

第一，农业技术推广采用以政府直接领导为主、多部门协作的推广模式。我国乡镇级以上农业科技推广机构作为国家的专业推广机构，人员充足，专业技术力量较好，构成了农业技术推广的主要力量。同时，很多为“三农”服务的机构也从事相关农业技术推广工作，包括科研机构、教学单位、科协单位等。

第二，推广经费不足，无法保障公益性推广服务顺利开展。针对农民的农业技术培训和教育等推广活动应该是公益性的，不应该由农民自己支付费用，政府应该承担这些费用。由于基层政府缺乏相关财政拨款，导致我国大多数乡镇农技推广机构长期处于财政赤字的窘境，因此，许多公益性推广服务无法顺利开展。

第三，推广力量薄弱，推广技术和设备严重落后。各地基层农技推广机构的技术和设备陈旧，大部分农技人员与外界接触不足，再加上农业科技知识更新不及时，在理念、技术创新等方面已经无法适应新形势下农技推广工作的需要，严重阻碍了农业科技成果的转化利用和相关技术的更新。

第四，具有公共产品的特征。一般来说，农业技术服务可以分为三种类型：一是公益性服务，这种服务一般具有较强的外部效应性，属于纯公共产品，很难精确评价其经济价值，需要由政府提供服务。二是中介性服务，从性质上划分归类的话，这种产品属于准公共产品。三是经营性服务，其生产应由市场负责，给多种混合所有制经营企业提供发展机会，这种服务属于私人产品。

第五，农业科技成果的应用转化效率普遍低下。现阶段，我国的农业科技成果转化成功率过低，很多高水平科研成果不能很好地在生产中推广使用。究其原因，一方面在于有些机构只关注实验室里的研究，不联系实际生产需求，导致科研成果要么不适应生产发展的实际需求，要么远离生产实际而不能被农民采纳、使用；另一方面在于研究经费普遍不足，造成了科研成果由实验室向实际生产转化的过程缓慢，甚至停滞不前。

三、农业技术推广模式

（一）政府主导的推广模式

政府主导的推广模式是指政府及其农业部门在农业技术推广中占主导地位的推广模式。这种推广模式的主要特点有：（1）在农业技术推广中，由于政府及相关农业部门在人力、物力、财力和社会影响力等多方面具有绝对优势，致使其他技术推广主体处于次要或补充的地位；（2）由于运行模式是自上而下的，致使农户处于被动接受的位置；（3）政府和相关农业部门既是农业技术推广政策的执行者，也是农业技术推广的首要融资方；（4）农业技术推广人员是政府部门的雇员，他们进行农业技术推广只是为了完成政府要求的工作任务。

（二）以农业科教部门为中心的推广模式

农业科教部门是农业技术产生的源头，在农业技术推广工作中，既要为其提供技术，也要为其提供人才。其中，提供人才的主体是农业科研机构和农业类高等院校。在国家政策的大力扶持下，一些农业科教机构和当地政府

“强强联手”，建立起一批特色鲜明的农业技术示范园，取得了较好的经济效益和社会效益。但同时，我们农业科教部门所拥有的科技资源并没有与农业发展紧密地联系在一起，科学和教育与现实的市场需求之间还有很大的距离，现行政策的激励效果还没有充分地体现出来，没有把科教人员的积极性完全激发出来。特别是在贫困地区，由于农业科技教育机构本身的研究力量较弱，加上政府对该领域的支持不够，导致相关工作人员对该领域新技术的研发与应用积极性不够，科技与教育机构的影响力也难以发挥。

（三）商业化推广模式

商业化推广模式是指以农业龙头企业为主体，使其与农户基于互惠互利的利益关系组合在一起，以实现商业目标、获得农业利益的推广模式。农业龙头企业以农产品为主要原料来进行生产加工，为了使原料具有优良品质、满足公司的技术标准，企业会利用各种资源加快对先进技术的引进和开发，并向农户推广新的先进技术、提供相配套的农业技术指导和培训。与此同时，农户会本着追求自身利益最大化的目的，自发、主动地参与到农业技术推广的活动中。这就实现了从两方面同时驱动，从而使技术推广绩效大幅提升。这种模式的弊端是：农业龙头企业出于追求利润最大化的动机，会采用技术垄断的方式来降低农产品的价格，使得农户在使用新技术后收益逐渐减少，进而降低采用新技术的积极性；农户普遍法律意识淡薄，一旦出现农产品市场行情火热的现象，他们可能会违反合同约定将农产品卖给出价更高的买家，这也打击了龙头企业推广新技术的热情。

（四）以培训、访问为中心的推广模式

以培训、访问为中心的推广模式，是指通过设立一个专业的农业技术推广机构来支持和帮助农户增产、增收，同时也为农业发展提供必需的服务。要推动这种模式的成功运作，就必须使培训者、农技推广者、农户三方形成互联互动的动态性结构。这种以培训、访问为核心的推广方式，表现出如下明显的特征：（1）农业技术推广人员和推广机构专业化，由一定层级的政府部门对其进行全面的领导，是一种“自上而下”的方式。（2）农技推广人员只承担自己的农技推广任务，定期对参加过培训的农户进行回访。农技推广人员参加培训除了可以提升其自身的专业素养外，还可以帮助他们决定下一步将推广什么样的生产知识给农户。

四、农业技术推广绩效评价

（一）农业技术推广绩效评价指标

农业技术推广绩效评价指标影响绩效评价的整体效果，是进行绩效评价的关键因素，对于某项农业项目的实际效果具有不可取代的重要作用。同时，农业技术推广绩效评价指标可用于评价农业技术推广项目的经济作用、原定计划和结果目标的一致性和持续性，以及农业科技成果在实践中被广泛应用的程度。因此，选取评价指标十分重要，这决定了最终评价是否能够真实有效地反映最终绩效。

农技推广绩效评估指标可划分为：前期方案设计、中期方案实施和后期效果评估。前期方案设计指标包括推广方案的可行性指标（目标可行性指标、内容可行性指标、措施可行性指标）、前期方案的科技效率指标（科技成果指标、实用技术指标）。中期方案实施指标包含括推广方案的认可度指标、推广过程中的组织指标、推广主体的素质指标。

在此基础上，提出了一种基于经济、社会和生态三个维度的农业科技推广实施方案。经济效益指标包括单位面积产值、农业人均收入、农产品商品率、材料消耗产值率等。社会效益指标包括人均可支配收入、人均粮食占有增加量、农业劳动生产率增量、人均住房水平等。生态效益指数包括人均耕地面积、水土流失治理程度以及水资源使用效率变化量等。

根据科技特派员制度的绩效特点，本书将选取部分经济效益指标、社会效益指标、生态效益指标以及农户满意度来构建农业技术推广评价指标体系，具体见表 1-1。

表 1-1　农业科技推广评价指标体系

指标大类	一级分类	二级分类
前期方案设计指标	可行性指标	目标可行性指标
		内容可行性指标
		措施可行性指标
中期方案实施指标	科技效率指标	科技成果指标
		实用技术指标
	推广方案的认可度指标	
	推广过程中的组织指标	
	推广主体的素质指标	
后期效果评价指标	经济效益指标	单位面积产值
		农业人均收入
		农产品商品率
		材料消耗产值率
	社会效益指标	人均住房水平
		人均可支配收入
		人均粮食占有增加量
		农业劳动生产率增量
	生态效益指标	人均耕地面积
		水土流失治理程度
		水资源使用效率变化量
	农户满意度指标	推广技术满意度指标
		推广人员满意度指标

（二）农业技术推广绩效评价方法

农业技术推广绩效评价方法是运用现代数学计量方法，通过构建科学的评价体系，以直观严谨的方式对农业技术推广绩效进行评价的专业技术。农业技术推广绩效评价的方法根据所采用的基本数学方法的差异，可分为一般数学分析法和综合模型计量分析法两种。一般数学分析法也叫常规普通分析法，通常是采用初级数学的统计方法来计算结果。常用的一般数学分析法有比较法、因素分析法、评分法、综合评价法等。一般数学分析法的显著特点是简便易懂、易于掌握和应用，但实际使用中工作量非常大。综合模型计量分析法是从高等数学出发，利用计算机来进行系统性的综合分析，这种方法能够厘清和显示出多个经济变量组合之间的相互联系以及他们之间复杂变化的客观规律，适合分析比较复杂的经济问题。

（1）比较法。比较法是绩效评价中应用最为普遍的评价方法，该方法是将不同的地域、不同的时间、不同的对象、不同的推广项目等指标集中起来进行比较，再根据比较结果，确定最佳方案。在比较过程中，一定要关注不同指标的可比性。

（2）因素分析法。因素分析法是以两项及两项以上的变化因素为变量，研究其对经济情况、目的、深度的影响状况的一种分析方法。该方法适用前提是假设其他条件因素固定不变，逐一对另外一个因素的影响进行分析和研究。

（3）评分法。评分法是以评价者自身的主观思维和决策作为基本要素的评价方法。首先由评价者按照不同的评价目标确定评价因素，再对每一个具体的评价因素给出评价级别，每个级别使用不同的数值代表。在这个前提下，专家会对评价对象进行合理度量，给出评价目标在每个评价因素的数值，最后经过进一步的计算得出评价目标的总评分。

（4）综合评价法。运用多个指标对多个参评项目进行评价的方法。综合评价是指评价者通过多元化评价对评价因素进行一个综合的统计评价，从而判断该项目的走向和目标，这对任何一个项目或个人的发展都有很大好处，所以综合评价法是常采取的评价方法。

第二节　科技特派员制度的起源与演进

一、科技特派员的内涵

科技特派员是在我国农业科技服务推广工作开展中产生的一个群体，他们通过自愿报名、公开遴选、公平选派等程序，参与到专项科技服务推广相关工作中，是从高校、科研院所等机构中选派的懂技术、有项目的专业技术人员。科技特派员大部分由各行各业的专家学者组成，目前也拓展到企事业单位中的技术人员、高校相关专业大学生等，是群众嘴里的“农民科学家”。目前，科技特派员制度已走过20多年的历程，为了应对个性化的农村发展需求，衍生出了工业科技特派员、法人科技特派员等多种新形式。科技特派员一般分为省、市、县三级，有些单位（如高等院校）还存在校级科技特派员等。科技特派员主要围绕解决“三农”问题开展工作，遵循市场驱动和基层群众实际需求，大多从事科技成果转化、优势产业创业开发和科普知识宣传等工作。科技特派员往往投身农村一线，和农民同吃同住，工作在乡镇农村，服务于地方产业，把自身所掌握的技术奉献给“三农”，把技术、运营、管理等相关知识带到有需求、欠发达的乡镇、农村地区，通过建立科技示范基地、技术孵化企业等方式促进地方产业发展和升级，在实现个人价值和获取一定收益的同时，使基层群众实现增产增收，并与他们成为“共同进步，共同收获”的一家人。

二、科技特派员制度的概念

科技特派员制度以提高要素配置效率为主线，以人力资本为载体，以优势特色品牌开发为核心，构建后发地区技术创新模式。同时，秉承专家、高技能人才进村入户“做给农民看，带着农民干，引领农民赚”和推动以企业为主体、以市场为导向的产学研技术联盟的技术范式。

科技特派员在新农村建设要求和科学发展观的理论框架下建立“人才”支农平台，从单纯的技术服务、农产品加工收购到市场营销，分别选派了负责技术指导的“农技特派员”；针对农村基层组织，强化“科技＋书记”第一生产力的带头人职责；解决农产品流通问题的“乡镇长流通助理”；增加农民信贷资金的可获得性的“乡镇长和村主任金融助理”；发展壮大特色、优势农产品，调整产业结构的“龙头企业总经理助理”；以及开发景观价值的文化经济“形象大使”“法人科技特派员”等不同形式、不同名称的科技特派员，其外延十分丰富。

1. 农村科技特派员制度的内涵

科技特派员制度是参与式农业科技推广的组织机制与运行体系，是新时期我国破解“三农”问题的有效途径和成功举措。其本质是科技工作者与农民通过双向选择形成的利益共同体，在一定的政策环境条件下，通过政府干预、市场运作、社会参与，发挥农业科技的“溢出效应”，增大生产的可能性边界，实施农业产业化工程，发展优势特色产业，进而提高农业经济增长的贡献率、提升劳动力素质、促进农民增收和提高科技工作者收入水平，推动农村经济持续发展的有机运作过程。

科技特派员制度以科技为切入点，把人力资本、知识管理等新的生产要素植入农村，为新农村建设，特别是市场经济欠发达地区农村的经济和社会发展找到了一个适宜的突破点，是我国在农民问题上继家庭承包经营后的又一次组织制度创新，可能诱发新一轮农村制度改革。

2. 科技特派员制度的界定

正如库兹涅茨（1971 年）在诺贝尔经济学领奖演讲词中曾给出的经典定义：“一个国家的经济增长，可以定义为向人们提供种类繁多的经济产品的能力的长期上升，而这种不断增长的能力是建立在先进技术以及所需要的制度和思想意识的相应调整的基础上的。”科技特派员制度是以人力资本为载体，以知识要素为核心去破解“三农”问题的一种创新制度，是建立在技术进步以及所需要的制度和思想意识的相应调整的基础上的。科技特派员在田间地头对农户进行技术指导，属于农业科技推广机制创新；科技特派员带有党务、行政职务并履行行政职能（如下派科技副职，主要针对降低政治成本的合作制度），从管理决策上提高农村资源要素投入效率，属于提高农民组织化程度的机制创新；科技特派员作为金融助理为农民协调信贷，属于资金的服务创新；科技特派员作为流通助理参与农产品流通服务市场体系建设，属于综合服务创新；科技特派员作为龙头企业总经理助理沟通协调能力较强的骨干，进行策划等服务，属于农产品加工、销售的机制创新。

科技特派员制度的创新之处在于知识和技术的内生性。现代人力资本理论认为，在当今这个信息时代，区域范围内经济竞争力主要取决于该区域的人力资本存量的质量，即劳动者的素质。因此，今天的农业教育，就是明天的农业科技，就是后天发达的农业经济。人文网络对经济的影响已经超出了亚当·斯密关于“经济人”理性的原始假定，技术创新通过在“干中学”而实现跨越式发展。网络机制中的重要内容是繁荣农村文化事业。何梦笔等人对植根于中国农村传统文化中的非正式制度、非正式规则和非正式约束在经济增长及制度变迁中的作用给予了充分肯定。例如，西部大开发是实现我国东西部共同富裕的重要举措，有利于各经济区域优势互补、协调发展和共同繁荣，因此，我们在东西部合作中必须找准合作的立足点，进而实现观念对接、技术对接、优势对接、市场对接和品牌对接。

科技特派员制度以人为本，围绕人多地少、农工相辅、城乡差别和区域生态建设等问题展开，通过改善要素市场的运作、发挥制度优势把资源引向农村。整合农村普遍短缺的人才、技术和资金三大要素资源，优化利用土地等资源，并通过外在干预和内在需求的共同作用，将改变农村现实落后状况的行为动机诱发成为一种自发创立“生态村”的行为。通过选拔本地懂技术、会经营的能人、专家或聘请外地专家来牵头，组织农户、企业搞项目，选择和培育支柱产业、龙头企业，建立新型经济合作组织，推行农村股份合作制，使成千上万个独立的小生产者与千变万化的大市场联系在一起。同时，通过对农村人力资源的开发利用，进一步提高农村人口的从业素质，提升农业部门的劳动生产率，进而推进农业专业化、产业化、规模化、现代化进程。促进当地新兴产业和生态集镇的逐步建设和发展，深化农业资源综合开发利用，增加“非农”群体的就业机会，就地消化、就地转移部分农村劳动力。

三、科技特派员制度的起源与产生的原因

（一）科技特派员制度的起源

1. 科技特派员制度产生的背景

20 世纪 80 年代以来，伴随着整个国民经济的市场化、集约化和外向化发展，以家庭为单位的分散化生产逐渐暴露出新的问题。20 世纪 90 年代，随着国家经济和社会的全面转型，“三农”问题所处的外部环境出现了巨大的变化：一是国家经济管理制度从计划经济过渡到市场经济，国家经济的市场化水平大大提高，市场在资源配置中起到了主导作用；二是我国经济的运行状况由原来的供给不足，到供给与需求趋于均衡，我国经济也经历了从高速增长阶段向高质量发展阶段的转变；三是国家经济体制从封闭型转向开放型；四是经济增长方式由粗放式逐渐转向集约式。这一系列的深刻变革，使我国

农业与农村发展面临着严峻的形势与挑战。

20世纪八九十年代，“三农”问题举步维艰，城乡居民之间的收入差距问题由来已久，且越来越严重。在农村实行了家庭联产承包责任制以后，尽管农业生产力有了很大的解放和发展，农民的收入水平也有了较大幅度的提高，但农民的增收问题依旧严峻。农民收入增速缓慢，对农民的生产投入与生活消费均有明显的影响。农民收入增长缓慢造成的直接后果是农民的消费总量减少、消费水平降低。甚至在某些地区，农民的消费支出基本上处于停滞状态。

总之，城乡收入差距日趋拉大，农民增收艰难，“三农”问题的影响已经远远超出了农业和农村，甚至对整个国民经济发展和社会进步都非常不利。

南平市地处我国闽北山区，总面积2.63万平方千米，是以粮食和林业为主导产业的典型山区农业大市，总人口300余万人中有70%在农村，农业成了南平的经济基础。南平市辖内的10个县（市、区）中，商品粮基地有8个，因此，南平市素有“福建粮仓”“南方林海”“中国竹乡”之称。南平市农业在福建的位置举足轻重。近年来，随着我国宏观环境的变化，以及农业、农村经济结构全面性和根本性调整，南平市农业的传统优势在逐步缩减，原本单一的以粮林为主的结构性矛盾日益突出，农村经济发展速度减缓。农村人才严重匮乏，农产品“价低、卖难”问题严峻，市场上出现了大量粗放型、大众化的产品，农业的比较效益也越来越低，在市场竞争中毫无优势可言。

在新的历史条件下，南平市传统农业正存在着一系列内在和外在的矛盾，主要体现在以下几个方面：一是在传统农业向现代农业转变中，农民素质低下与先进生产力的要求的矛盾；二是农业发展急需大量投资和农民收入偏低、财力薄弱导致扩大再生产投资不足的矛盾；三是大市场环境多变和小农户分散、市场经验匮乏且难以形成有效的竞争格局之间的矛盾；四是基层党组织领导风格的上下体系和农民自发的生产经营之间的矛盾；五是干部工作不深入、脱离群众实际与群众对干部作风转变、贴近群众的需求之间存在的矛盾。其中，农业科技力量薄弱和科技服务“缺位”是制约农村生产力发展的主要原因。一方面，在日益激烈的市场竞争下，农户与农业生产急需科学技术的支撑；另一方面，传统的技术推广体系已经不能适应家庭承包经营后千家万户对农业技术的需要，山区有限的农技人员大多集中在机关部门，而乡镇面向农户的“农三站”又大多“网小、线短、人分散”，已经不能满足农户对农业技术的迫切需求。此外，许多农业科研成果转化为生产力的途径也很匮乏。

2. 南平市科技特派员制度的主要内容

从 1999 年初起，南平市委、市政府就以农民最需要的科技服务为出发点，运用利益引导机制，让科技特派员脱离原来的工作岗位，长期生活、驻扎在农村，与农民形成利益共同体，为农民提供示范、培训、咨询、科技服务等，力求建立起以高校、研究机构的科技优势为依托，以科技特派员和行业产业带头人为主体，以大量的乡土人才和农民为基础，以科技为支撑的“宝塔形”的新型科技服务系统，从而形成一种科学技术与农业产业相结合的良性循环。

第一，由市、县、乡三级的农业委员会、科学技术局牵头，组建“科技特派员办公室”，并通过联席会议制度对科技特派员工作实行统一管理。

第二，建立必要的经费支撑体系，各级财政都设立了科技特派员专项经费，专门用于科技特派员工作，相关职能部门、派出单位也为科技特派员提供了一部分的工作经费。

第三，构建政策保障机制。南平市在推行科技特派员制度初期，对科技特派员在编制、职务、职称、薪酬、年度考核、晋升提拔等方面，都开展了一定的保障和激励措施。例如：在科技人员下派期间，将其工资提高一个档次，全额发放福利、奖金、津贴，并保持原来的专业技术和行政职务等。

第四，创新双向选择机制。一方面，南平市按照专业特长将全市农业科技人员划分为若干个类别，根据技术专长确定选派方向，同时根据全市产业发展结构和农户需求选派适合的科技人员；另一方面，建立了“科技特派员之窗”信息网站，在网络上公布了科技特派员的相关信息，农户能够通过网站查询科技特派员的相关信息。这种方式，实现了农户和科研人员的双向选择，提高了农户和科研人员的合作效率。

第五，建立利益分享制度。鼓励科技特派员和服务对象在双向选择的前提下，根据市场经济的原则结成利益共同体。具体地说，就是大力鼓励科技人员以资金入股、技术入股等形式，与农户、龙头企业等服务对象结成经济利益共同体，实现风险共担、利益共享，从而形成农业科技推广的投入回报机制。

第六，构建完善的综合服务系统。南平市除配备科技人才外，还配备了财务助理、流通助理、私营企业助理等，为企业提供生产原料、市场信息、产品营销、加工储运、社会筹资等综合性服务。

以选派科技特派员为切入点，满足农民目前最迫切的科技服务需求，更易受到农民的欢迎，也能充分利用现有的科技人员和组织资源。这不仅有利于解决科技推广体系中的新旧衔接问题，还可以推动政府农村工作机制的改革，对于解决干部工作不深入、缺乏实效等问题，都起到了推动的作用。南平市用实际行动证明了这一点：在新时期，科技特派员制度是解决“三农”问题最有效的方式之一。

3. 南平市实施科技特派员制度的效果分析

南平市实施的科技特派员制度，是探求一种能满足农村科技服务需求的、新型的、与市场经济体制相适应的农村科技服务体系；是一种在共同利益导向下，对传统农业技术推广体制的探索性创新。

（1）加快了农业结构的调整，带动了农民收入的增长。依据对南平市相关资料的分析，发现有科技特派员派驻的乡镇，其农业结构效益和经济运行质量均优于其他乡镇。在有科技特派员派驻的村庄，粮食作物与经济作物的比率也被调整为 15 ∶ 85，同时，其特色种植业增加到 82.2%，养殖业增加到 78.1%，农业结构调整的速度明显比没有派驻的村庄要快。另据南平市的测算，科技特派员进驻的村庄，科技对农业生产的贡献率从 40% 提升到 50%；农产品“难卖”的问题也在一定程度上得到了解决，农产品销售率从原来的 50% 提升到 70%；家庭农场每投入 100 元，净收入从 405 元提升到 467 元。与此同时，在有科技特派员派驻的村庄中，农民的总体收入增长速度比没有派驻的村庄要快得多，集体经济实力得到了提升，农民负担和村级债务也在快速减少。

（2）提高了农民科技文化素质和生产经营组织化程度。科技特派员制度是通过提高农民组织化程度增强农户对市场竞争的适应能力，科技特派员的服务与专业户、龙头企业、农业科技示范园、示范基地和行业协会等农村合作经济组织相结合，在提升农业生产的专业化、组织化、规模化的过程中，提高了科技服务水平，并增强了化解科技推广风险的能力。

（3）引发了农村社会深层次的变革。科技特派员驻扎在农村，给农村带去了新知识、新文化、新思想、新思维和新的生活方式以及城市现代文明，促使丰富多彩的文体活动在农村日渐展开，同时，增强了农民的科技意识、市场意识和信用意识。

总之，科技特派员制度的实施，降低了农民获得技术、资金和市场信息的交易成本，还推动了农村社会文化的广泛发展和进步，有效地提高了农民的科技文化素质，强化了农民的市场经济意识。

（二）科技特派员制度产生的原因

1. 从“三农”的角度

“三农”问题向来是我国社会经济生活中的一大基本性问题，我们始终要以解决农民增收、农业增长、农村稳定为目的研究“三农”问题。长期以来，我国城乡居民收入差距大、农业增收缓慢、农村生产结构不合理等问题已经成为我国社会发展的障碍。我国是传统的农业大国，“三农”问题事关我国经济发展、国家富强、民族复兴，影响整个社会关系的稳定。

解决“三农”问题，先要解决农业生产效率低、生产成本高、农民增收难的问题，这就必然要求转变农业生产方式，将传统农业转向现代农业，通过不断提高农业的科技含量，将农业和农村经济的发展真正转到主要依靠科技进步和提高农民素质的轨道上来。要创新和探索加速农业科技成果转化的措施和途径，推动农业科技推广服务体系不断进步，优化科技承包和科技推广制度，加快落实和推进“农业科技入户工程”，强化农业高新技术的开发和应用力度，促进产学研结合，提高农业科技推广和应用的整体水平。通过科技特派员制度将人才引入农村，一方面使农民更普遍和广泛地接受科技人员的技术指导与培训，逐渐接收到各类现代农业生产要素信息；另一方面也使科技人员的技术得到充分发挥，实现了资源的优化配置，科技特派员制度由此应时而生。

2. 从建立多元化的农业科技推广体系的角度

农业技术推广是推动农业经济发展的重要支柱，而农业技术推广服务是推动农业科技进步不可或缺的重要组成部分，是实现农业化、工业化、产业化、现代化的基本保障。过去的农业科技推广基本依靠各级农业科技推广组织，随着市场经济发展及行政体制改革的进步，旧的农业技术推广体系陷入了“线断、网破、人散”的落魄局面，出现了有效需求不足和有效供给不足的双重矛盾。这意味着，多元化的发展道路成了农业科技推广的必经之路。近年来，各地政府加强对科技推广的支持，深化技术推广机制改革，创新农业技术推广组织，形成社会化的农业技术服务体系，以适应新时期农业经济发展的需要，从而为科技特派员的产生提供了必要的社会环境。

四、科技特派员制度的发展

我国科技特派员制度按照其发展历程，一般分为以下四个阶段：

（1）试点阶段。2002 年 5 月，科技部决定在宁夏、陕西、甘肃、青海、新疆 5 个西北省区开展科技特派员制度试点工作。

（2）推广阶段。2003 年初，科技部组织召开了现场会议。2003 年底，科技部在北京召开了全国科技特派员工作经验交流会。2004 年，科技部与人事部联合发布文件，在全国大力推进科技特派员制度。自此以后，科技特派员制度就陆续在全国各个地区推行开来。

（3）扩大阶段。科技特派员制度的在全国范围内的全面推广，使得科技特派员队伍迅速壮大，其覆盖范围大幅提升，科技特派员制度处于不断扩大阶段。到 2008 年，全国 31 个省份先后全面开展了科技特派员工作，长期活跃在农村基层和农业生产一线的科技特派员达 7.2 万人。

（4）全面启动阶段。2009 年 5 月，科技部再次联合人力资源和社会保障部、农业部等七部门成立科技特派员农村科技创业行动协调指导小组，并出台《关于深入开展科技特派员农村科技创业行动的意见》，正式拉开了科技特派员农村科技创业行动在全国推行的序幕。

（5）快速推进阶段。2012 年起，科技特派员制度在实践中得以快速推进，并连续多年被写入中央 1 号文件。2013 年 11 月，科技部与埃塞俄比亚农业部签订《关于中埃国际科技特派员创业园合作的谅解备忘录》，农业科技特派员融入“一带一路”建设。2014 年 12 月，中央农村工作会议明确提出在全国广泛推行科技特派员制度。

（6）完善深化阶段。2016 年 5 月，国务院办公厅印发《关于深入推行科技特派员制度的若干意见》（国办发〔2016〕32 号），健全了科技特派员的制度框架。在该意见指引下，全国各地先后出台了相应的实施意见。2019 年 10 月，习近平对科技特派员制度推行 20 周年作出重要批示指出，科技特派员制度推行 20 年来，坚持人才下沉、科技下乡、服务“三农”，队伍不断壮大，成为党的“三农”政策的宣传队、农业科技的传播者、科技创新创业的领头羊、乡村脱贫致富的带头人，使广大农民有了更多获得感、幸福感。在这一重要指示精神鼓舞下，一些地区（如福建、浙江、山东、广东等）进一步细化并创新制度设计。2021 年 3 月，习近平在福建考察时强调，要深入推进科技特派员制度，让广大科技特派员把论文写在田野大地上。

五、科技部对科技特派员制度的建设

从近些年的科技特派员制度试点工作报告及科技部主要领导的讲话中，我们可以看出，大力推行科技特派员制度、鼓励科技特派员在农村开展科技创新创业活动，已经成为当前党和国家破解“三农”难题、建设社会主义新农村势在必行的重要举措。

（一）建设科技特派员制度的基本思路

在新形势下，科技特派员制度成功地把科技、管理、资金等要素引入农村，提高农民生产专业化程度，使党与群众联系更加密切，是一种依靠科技解决“三农”问题的制度创新。

此后较长一段时间内，我国科技特派员制度推进的基本思路是：

（1）持续推动机制体制创新。这是科技特派员制度的灵魂。科技特派员制度是我国社会主义市场经济体制不断完善、科技体制改革持续深化的产物，其发展和推广也必然要求推陈出新，去除制约科技进步的一切不合理因素。通过科技特派员制度的推进，将技术、信息、资本等要素带到农村和农民生产一线，为农村经济发展不断注入新的力量。

（2）坚持实事求是，因地制宜。这是科技特派员制度的生命力所在。在工作中，各地要坚持实事求是的基本原则，探索创新各具特色的运行机制和推广模式。

（3）坚持以人为本，扎实推行科技服务“三农”的理念。科技特派员制度为破解“三农”难题开辟了新道路，是贯彻科学发展观、落实党的惠农政策的重要体现。科技特派员制度的建设必须坚持以人为本，坚持科学发展观，切实将真正的实惠带给农民。

（4）促进市场机制与行政推动的有机结合。这是试点工作的动力源泉。在社会主义市场经济背景下，一定要尊重规律，尊重人才、科技与劳动，有效配置科技资源，促使农户、龙头企业与科技特派员的利益最大化。

（二）科技特派员工作要点

围绕上述思路，科技特派员制度试点工作要注意以下几点：

（1）聚焦服务乡村振兴战略。激励引导科技特派员紧紧围绕服务乡村振兴，实施科技助力乡村产业振兴行动，根据产业兴旺、生态宜居、乡风文明、治理有效、生活富裕等目标任务，强化农业农村科技创新供给，积极支持农业领域先进引智成果培育、转化、推广，推动农业农村科技成果跨区域流动与落地，为乡村振兴提供创新动力。

（2）健全科技特派员服务体系。一是完善组织领导，不断健全各级科技特派员联席会议制度，完善工作协调机制，增强部门工作合力，加强县以下科技特派员工作体系建设，确保科技特派员制度在“最后一公里”得到落实。二是壮大队伍规模，围绕服务乡村振兴和助力产业转型，不断壮大科技特派员队伍，优化队伍结构，坚持跨界别、跨区域选拔高水平省级科技特派员。

（3）健全考核评价，完善政策措施。加强建章立制，扎实推进科技特派员工作存在问题的整改落实，着力在政策上突破、机制上推动，在科技特派员职务晋升、评优评先、福利待遇等方面制定一系列含金量高的优惠政策并实施配套的保障措施。建立以服务基层一线实绩和科技成果转化实效为重要依据的科技特派员考核制度。探索科技特派员业绩积分量化考核，实行动态管理，建立健全进入和退出机制。

（4）保护科技特派员的合法权益。落实科技特派员利益共同体保护和扶持政策，建立健全科技特派员利益共同体备案和收入报告制度，出台具体实施细则，保障利益共同体健康可持续发展。

（5）深入总结和发扬科技特派员制度经验，加大宣传力度。积极报道工作中的成功事迹、先进人物，大力弘扬新时期科技特派员的创业与奉献精神，让科技特派员工作得到更广泛的理解和支持，努力为科技特派员制度的深化营造健康的氛围。

第三节　科技特派员制度的分类、特点与意义

一、科技特派员制度的分类

（一）根据服务领域划分

1. 农业科技特派员制度

农业科技特派员制度是以科技特派员和农户为主体，以先进的科学知识和实用的农业技术为依托，以服务“三农”促进农村经济发展为目标，本着利益共享、风险共担的原则，将技术、资金、人才等先进的生产要素与农业生产紧密结合，从而达到资源合理配置的一种制度安排。这项制度是我国在社会转型的背景下，自下而上、由点及面形成的制度创新，已经成为农业技术推广服务的主流载体。

除了无偿的公益性技术服务外，科技特派员制度允许科技特派员在与农民达成合作协议的基础上，共同分配农业生产的效益，这无疑是对传统农业技术推广方式的一个重要突破，同时也成为科技特派员制度最显著的、最具创新性的特征。同时，虽然科技特派员提供的服务分有偿和无偿两种，服务形式也从个人科技特派员演化到团队特派员、企业特派员，但政府引导和市场主导相结合、利益共享、双向互选、科技推动也是科技特派员制度不同于

其他农业技术推广制度的内在特征。

（1）政府引导和市场主导相结合。从最初南平经验及制度形成到部分地区的试点推广，再到全国推行，农业科技特派员制度离不开政府的政策指引和支持。政府将各部门遴选的懂技术、会经营的干部派驻到农村，与有技术需求的农民进行对接，并协调多个部门联合对选派的科技特派员提供保职留薪等各种激励政策。在全国推进落实科技特派员制度，政府的推动尤其重要。政府鼓励科技特派员在农村创新创业，主动提供金融、信息等条件基础，搭建科技特派员和农户的合作平台，营造良好创业环境和社会氛围。除此之外，国民对市场经济的认识也越来越深入，一切生产经营都要由市场规律来验证的趋势愈加显著。农业科技特派员制度作为一项创新性制度，其特殊性也在于它牢牢地遵循着市场规律，合作双方合理分工、权责明确的同时实现资源优化配置。不得不说，农业科技特派员到农村开展技术指导和引入项目的重要动力在于他们可以直接参与到农民的生产经营中。可见，政府引导和市场主导相结合就是科技特派员制度区别于传统技术推广服务的一个重要特征。

（2）原则清晰。在科技特派员提供的有偿服务中，组织部门把科技特派员在农村技术指导的成效与农业生产经营挂钩，变传统农业技术推广的被动为主动。科技特派员与农户不是服务与被服务的关系，而是平等合作、互惠互利的关系。这种风险共担、利益共享的合作机制，能够充分地实现各类资源的价值，有助于盘活农业技术推广的局面。

（3）双向互选。在传统农业技术推广体系中，部分技术推广人员自身对农业技术的掌握停留在理论层面，还有一些人员对当地农业生产特色和现实发展趋势缺乏准确深入的了解，“纸上谈兵”、中听不中用的现象也时有发生。虽农民对此颇有意见，但在体制机制的约束下也就不了了之。而农业科技特派员制度下选派的科技特派员，会充分考虑农民的需求并从中找到切入口，农民也会在对科技特派员全方位考核的基础上进行选择，做到双向选择。双向选择不仅最大限度满足了农业生产一线的实际需求，也实现了资源的优化配置。

（4）科技带动。农业科技特派员制度以充分发挥科技对生产力的带动作用为目标特征。现阶段，农业生产之所以面临无法满足市场需求的问题，其根源主要在于农民缺乏科技类指导，农业生产方式严重落后于时代发展步伐。农业科技特派员制度的终极目标是把科学技术送到农民手中，激发科技的直接动能，进而培养有技术、懂经营的高素质新型农民。科技特派员农忙时进行现场指导，农闲时组织技术培训，将科技的带动作用发挥到最大。

2. 企业科技特派员制度

企业科技特派员制度是广东省基于农村科技特派员制度而推演出来的。广东省立足产业发展需求，从国内外高等学校、科研院所中遴选科技特派员并派驻到省内相关企业、高新区、专业镇、民营科技园区、产业转移园区开展产学研结合为主的工作。2005 年，教育部、科技部和广东省联合启动了省部产学研试点工作，引导和支持全国高校和科研机构，尤其是国家重点建设高校，与广东省企业开展自主创新全面合作。2007 年，在借鉴全国科技特派员的制度基础上，教育部、科技部和广东省人民政府进一步深化省部产学研合作，开展了企业科技特派员的试点工作，从国内部分重点院校选派了一批中青年骨干教师，深入广东企业开展科技特派员工作。

省部企业科技特派员行动计划作为广东省政府推动企业自主创新、科技服务企业的尝试，是为解决我国企业自主创新动力与能力不足这一问题而专门设计的一种新模式。通过对这种模式的运行机制、理论总结等进行研究与推广，有效地促进了我国技术创新体系的发展。

企业科技特派员制度不单是广东省在省部产学研合作框架上的一次制度创新，更是广东省落实科学发展观、深化产学研合作，为促进和深化产学研合作长效机制而作出的一项重大举措。企业科技特派员制度的实施，使全国范围内高校和科研院所的优秀科技人才资源涌向广东，进一步加强了全国高校、科研院所与广东企业的沟通合作，促进和扩大了校企、校地产学研合作。一方面，有力促进了建立和完善省部产学研结合的长效机制，加快推进了广东企业的转型升级，使广东企业的自主创新能力不断提升，产业竞争力不断增强：另一方面，广东省通过企业科技特派员制度的实施，培养和引进了一批高层次技术和管理人才，为高校和科研机构培养出一批与产业紧密对接的优秀中青年教师和科技人员，提升了广东省高校和科研院所服务地方经济社会经济发展的整体实力，进而推动了高等教育的改革与发展，促进了科技成果的转化和产业化。

（二）根据选派单位划分

1. 高校科技特派员制度

高校科技特派员是指科技部通过设定相应指标标准，通过选拔程序，从国家高等院校、科研院所、企事业单位等选拔出来的，有一定专业技术、理论基础、工作经验、指导方法、管理能力且年富力强的，并派驻到企业、农村生产一线转化先进的科技成果，服务产业、服务农业的专家、教授、研究员、博士等中高级知识分子。高校科技特派员制度，是经过广泛深入的调查研究与工作实践，为了加强对高校科技特派员的组织领导、提高高校科技特派员的工作实效性，而制定的包含选派制度、日常管理制度、考勤制度、考核评估制度、经费管理制度、福利待遇制度等在内的工作制度。高校科技特派员制度是我国在推行的科技特派员制度基础上进一步发展和完善而来的，相关人员在实践中不断总结经验、创新做法，以实现高校科技特派员工作的规范化、科学化和制度化。

2. 兵团科技特派员制度

新疆是我国最早一批进行科技特派员制度试点的地区之一，由于其特殊的地理位置及经济发展需要，创新性地提出了兵团科技特派员体制的概念。主要实施方式为兵团针对偏远贫困地区的需求，派驻科技服务团队进行对口帮扶，开展科技服务。兵团的战士们了解团场区域的优势和不足，科技特派员被派驻后，能够有效地推动特色产业的发展。同时，团场为科技特派员们提供食宿等后勤保障，为科技特派员在农业生产过程中持续为当地农户提供技术帮助给予了长期的后勤保障。兵团开展科技特派员服务的优势在于科技特派员与团场对各自意愿及服务需求都有深入了解，能够实现双向的选择与合作共赢。

二、现阶段科技特派员制度的新特点

目前，我国 31 个省份均已出台了科技特派员相关的意见、办法、细则等制度文件，各地结合发展实际，从组织形式、服务面向、经费支持等多方面不断创新，科技特派员制度呈现新特点。

（一）组织形式从“单兵作战”向“组团作战”转变

新时代赋予了科技特派员新的历史使命，随着时代的发展，科技特派员的组织形式也在不断创新。除原有的个人科技特派员之外，法人科技特派员和团队科技特派员（即科技特派团）不断增多。法人科技特派员通常是指高校、科研院所、企业、合作社、行业协会等法人组织的科技人员团队，其以团队形式开展服务。科技特派团是由不同业务领域的科技人员组成的科技服务团队。二者均是以团队形式，针对某一区域、某一产业链进行全方位多领域的协同服务。海南、湖北、陕西、北京等省份和地区实行了法人科技特派员和团队科技特派员（即科技特派团）服务方式；浙江省建立了个人、团队、法人和工业四支科技特派员队伍；河南省成立了若干产业科技特派员服务团；云南省组建了由省、州（市）、县三级科技人员组成的科技特派团，开展“一团一业”科技服务；广西壮族自治区则成立了产业科技服务团，实施定向服务和精准服务。

（二）服务领域从“面向一产”向“全产业链”延伸

随着产业融合步伐的加快，特别是农业产业化程度的提升，市场主体的生产经营行为从原有的单一环节逐步发展为融研发、生产、加工、销售为一体的全产业链生产经营主体。对科技的需求也从单一的技术需求逐步过渡为围绕产业链各环节的技术需求。随着产业化进程的快速发展，科技特派员服务范围已从单一技术推广拓展到全产业、全过程、全领域技术推广，并呈现出与企业不断融合的趋势。陕西省 2020 年出台相关文件，提出扩大科技特派员选派范围，从以农业领域为主向工业、服务业等领域拓展，从生产向加工、检测、销售等各环节拓展，从本省向省外乃至境外拓展。安徽省建立了企业“科技专员”制度，选派“科技专员”到企业开展技术咨询、技术服务、技术开发、技术转让等“四技”服务，推动科技服务的内涵和实践不断向纵深发展。随着服务领域从“面向一产”向“全产业链”延伸，一些地方建立了工业科技特派员（如福建厦门、浙江杭州等）、企业科技特派员（广东省）队伍，鼓励来自高校、科研院所的科研工作者到工业企业生产一线开展产品研发与技术攻关、行业关键共性技术突破、共建研发平台等工作。

（三）经费保障从“工作补贴”向“专项项目”过渡

广东省采取“揭榜比拼，精准特派”方式，组织实施企业科技特派员专项项目。山东省实施“科技特派员行动计划”，支持科技特派员牵头组建科技扶贫服务队，在所在单位申报省级重点研发计划。福建省出台科技特派员专项资金管理办法：对省级科技特派员创办、领办经济实体，或合作开展的实质性技术合作项目，经评审给予 5 万～ 15 万元一次性经费奖励；对团队或法人科技特派员围绕当地某一产业链进行研究开发的项目，给予不超过 100 万元的项目经费奖励；并逐年加大经费保障力度。2020 年福建省安排 1 亿元专项资金，同比增加 1.08 倍。

（四）服务功能从“单一导向”向“多元导向”拓展

除原有的科技推广功能外，科技特派员服务功能呈现多元化。一方面突出创业带动导向：福建、浙江、江苏、北京等省份和地区坚持科技特派员和星创天地一同部署，大力鼓励科技特派员带动农民创业创新；安徽省出台了《推进科技特派员创新创业五年行动计划（2020—2025 年）》；宁夏回族自治区设立了服务于创业带动的科技特派员创业指导服务中心。另一方面突出科技管理导向：陕西省设立了“反向科技特派员”，由市科技局选派到陕西省科技资源统筹中心进行日常办公，旨在了解基层产业发展情况和企业生产、研发、产品、市场与技术需求情况，了解全省科技资源分布情况，进而更好地促进成果匹配对接。

（五）管理手段从“传统手段”向“智能手段”升级

多个省份搭建了网络化、数字化的科技特派员管理服务平台，如“陕西省科特员服务与管理系统”“北京科技特派员在线平台”“广东省华转网”“天津科技帮扶工作台”“四川天府科技云 App”“陕西省科技特派员 App”等，推动了科技管理效能的有效提升。智能管理服务平台的搭建，一方面实现了科技特派员选派、服务、考核各个管理环节的智慧化、高效化；另一方面为科技特派员和社会各界搭建了沟通的桥梁，为科技供需双方沟通和交易提供了便利，此外还集成了科普、第三方财税、法律、金融等配套服务，显著优化了区域科技创新生态，极大地推动了科技市场发展。

（六）责任主体从“单一部门”向“部门协同”转变

随着科技特派员服务领域的拓展和管理架构的完善，一些省份的科技特派员制度主责部门突破了科技管理部门一家。陕西省 13 个部门联合出台了《陕西省深入推行科技特派员制度实施方案》，确立了 13 家分别认定、共同推荐、联合管理的工作思路。福建省从 2020 年起，省发改委、科技厅、财政厅、农业农村厅四部门每年各出资 2500 万元，联合设立了 1 亿元的科技特派员专项资金。安徽省科技厅会同其他 9 家企事业单位共同制定了《安徽省推进科技特派员创新创业五年行动计划（2020—2025 年）》。

三、实施科技特派员制度的意义

科技特派员试点工作的显著效果向我们印证了这一新生制度符合科学发展观、符合社会主义市场经济规律的实际意义。科技特派员制度与“科技下乡”和“科技进村”不同，它把短期行为转为长期行动；它打破了传统的农技推广体系的壁垒，将生产咨询行为创新为与农民结成“利益共同体”、携手面向市场需求的经济行为；与简单的技术服务不同，它把仅对生产环节的单一运作升级为实现产供销一体化运作和农村经济系统整体运转。科技特派员制度的成功实践，对于更好地解决“三农”问题、加快构建社会主义新农村、建设创新型国家都具有十分重要的意义。

（一）科技特派员制度是将科技转化为现实生产力的最活跃载体

江泽民在《在庆祝中国共产党成立八十周年大会上的讲话》中指出：“科学技术是第一生产力，而且是先进生产力的集中体现和主要标志。”但是，科学技术是知识形态的生产力，即一般生产力。由一般生产力到直接生产力需要经历实体性要素的中间转化过程，即通过劳动者和劳动工具将这一实体性要素物化到劳动对象中，才能成为直接现实的生产力。

科技特派员制度是科技转化为现实生产力的最活跃载体。科技特派员具有很强的自主性，会根据农民的需求，选用自己的方式开展有特色的科技服务，将科技的火种不断向广大农村扩散，将他们了解的新技术、新品种、新设备、新项目等科技资源不断地引入农村。这一过程可以调动基层农民群众的生产积极性，激发农民的自主创新能力，农村整体科技素养也会大为提高，可以强有力地促进科技成果转化为直接生产力的效率，进而加速经济结构的调整，推动地方特色经济的高质量发展。

（二）科技特派员制度是加强农村人力资源能力建设的重要途径

人是最核心的生产要素，是最具活力的决定性因素，其他生产要素功能的充分发挥，最终取决于人。江泽民曾多次谈到人力资源的重要性，他在亚太经合组织第八领导人非正式会议上明确指出："人力资源是第一资源，实现科技进步、实现经济和社会发展，关键都是人。""物质资源的开发利用是人类社会发展的基础，而人类智慧和能力的发展决定着对物质资源开发的深度和广度。随着社会的进步，人类自身能力不断发展，显示出越来越大的力量。经济发展和社会进步，需要物质资源作基础，更需要人的知识和能力作支撑。"

农民群众是农业生产的主体，是农业经济结构调整的主体，是农村经济发展的主体，其自身科技文化素养的高低直接决定着农村各项工作的成败与成效。加强农村人力资源的能力建设，充分挖掘并积极调动广大农民群众的生产积极性，使得农业和农村经济的发展具备坚实的人力基础和取之不竭的动力之源。广大科技特派员长期派驻农村一线，活跃于田间地头，手把手、一对一地指导示范，入村入户面授交流，全方位、多角度、多层次地开展技术培训，将会培养和涌现出一大批乡土科技人才，成为当地主导产业的科技服务能手，他们是继科技特派员之后的又一批农民致富的引路人。这样才能真正实现农民知识的时代化，引领和带动广大农民群众走上一条以内涵式提升和自主创新的经济发展道路。

（三）科技特派员制度是发挥科技人员作用、实现其自身价值的直接渠道

科技人员是第一生产力的载体，他们发挥着科学知识的探索者、传播者和先进生产的创造者、开拓者的作用。但是，我们对科技人员进行培养、使用和吸引，必须立足于科技创新体制。科技体制创新的核心就是挖掘和吸引人力。我们必须思考：怎样才能激励和培养人才？怎样才能更好地使用和发挥人才的自主创造力？怎样组织推进和评价人才，并为他们提供更好的服务和保障？

南平市鼓励科技特派员以技术入股、资金入股、租赁经营等多种模式开展有偿科技服务，实现科技人员和农民的利益共享、风险共担，同时，政府给予科技特派员一定的政策保障，从本质上转改变了传统的科技人员无偿服务的做法，为科技人员解了套、松了绑，极大地调动了科技人员的积极性。与此同时，农民在与科技人员合作的过程中也增加了对新技术的信任感，使科技特派员通过技术服务在获得经济利益的同时，也得到了农民的认可，获得了较高的社会地位。科技特派员制度充分显现出政策的巨大牵引作用，多方共赢的现实成效激励了更多科技人员投身于农村，这就为科技人才发挥自身专业优势、实现自我价值和科技成果转化落地提供了广阔舞台。

（四）科技特派员制度是市场经济条件下创新农村工作的有力举措

目前，我国广大农村基层党组织正面临着一个新的问题，那就是如何转变干部工作方式，提高基层党组织的工作质量，从根本上解决农民的现实困难。科技特派员不但为广大农民群众带来了迫切需要的科技成果，而且为解决“三农”问题身体力行地落实党中央的各项方针政策。他们不仅承担着乡村科学技术的推广工作，还承担着对“三农”工作的全面宣传与渗透。他们拥有与农民的深厚感情，拥有一心一意干事创业的精神风貌，拥有把科学知识和实际技术相结合的一技之长，以及始终把农民的利益放在第一位的奉献精神，能够真正做到想群众之所想，急群众之所急，全心全意地为群众谋利

益。这种体制使各级领导的工作态度发生了根本性的转变，一改以往通过制订计划、下达指标、抓检查来推进工作的老套办法和“催钱催粮”的老套方式，在国家和农户之间架起一座连接的桥梁。

（五）科技特派员制度有利于促进农业生产和管理的现代化

科技特派员制度是一种使科学技术资源和人才的利用能够实现跨区域、跨行业、跨学科、跨领域的开放性体制。它根据市场经济规律对科学技术资源和人才进行优化配置和重新整合，把资金、技术、信息、管理等生产要素高效地分配到农业生产体系中，并与农户结成利益共同体，让现代管理制度与市场流通之间形成密切联系；利用高新技术对传统农业进行改造，培育出新的经济增长点，有利于促进我国农村的技术、资金、技术等方面的发展，提高我国农业的科学技术水平；可以加速产业化的进程，带动新型社会分工与协作，推动由传统农业向现代农业的转变。例如，浙江省按照“以工扶农、以城市带动乡村”的原则，派出科技特派员到全省 100 个落后的乡村，把资金和技术等现代化的生产要素投入乡村，促进了农业生产与经营管理的现代化。

第四节　科技特派员制度的实施原则、重点任务与组织实施

一、科技特派员制度的实施原则

（一）坚持改革创新

面对新形势新要求，立足服务“三农”，不断深化改革，加强体制机制创新，总结经验，与时俱进，大力推动科技特派员农村科技创业。

（二）突出农村创业

围绕农村实际需求，加大创业政策扶持力度，培育农村创业主体，构建

创业服务平台，强化科技与金融结合，营造农村创业环境，形成大众创业、万众创新的良好局面。

（三）加强分类指导

发挥各级政府以及科技特派员协会等社会组织作用，对公益服务、农村创业等不同类型科技特派员实行分类指导，完善保障措施和激励政策，提升科技特派员创业能力和服务水平。

（四）尊重基层首创

鼓励地方结合自身特点开展试点，围绕农村经济社会发展需要，建立完善的、适应当地实际情况的科技特派员农村科技产业的投入、保障、激励和管理等机制。

二、科技特派员制度的重点任务

（一）切实提升农业科技创新支撑水平

面向现代农业和农村发展需求，重点围绕科技特派员创业和服务过程中的关键环节和现实需要，引导地方政府和社会力量加大投入力度，积极推进农业科技创新，在良种培育、新型肥药研制、加工贮存、疫病防控、农业物联网和装备智能化、土壤改良、旱作节水、节粮减损、食品安全以及农村民生等方面取得一批新型实用技术成果，形成系列化、标准化的农业技术成果包，加快科技成果推广和产业化，为科技特派员农村科技创业提供技术支撑。

（二）完善新型农业社会化科技服务体系

以政府购买公益性农业技术服务为引导，加快构建公益性与经营性相结合、专项服务与综合服务相协调的新型农业社会化科技服务体系，推动解决农技服务“最后一公里”问题。加强科技特派员创业基地建设，打造农业农村领域的众创空间——“星创天地”，完善创业服务平台，降低创业门槛和风险，为科技特派员和大学生、农村青年、致富带头人等开展农村科技创业营造专业化、便捷化的创业环境。深化基层农技推广体系改革和建设，支持高校、科研院所与地方共建新农村发展研究院、农业综合服务示范基地，面向农村开展农业技术服务。推进供销合作社综合改革试点，打造农民生产生活综合服务平台。建立农村粮食产后科技服务新模式，提高农民粮食收储和加工水平，减少损失浪费。支持科技特派员创办、领办、协办专业合作社、专业技术协会和涉农企业等，围绕农业全产业链开展服务。推进农业科技园区建设，发挥各类创新战略联盟作用，加强创新品牌培育，实现技术、信息、金融和产业联动发展。

（三）加快推动农村科技创业和精准扶贫

围绕区域经济社会发展需求，以现代农业、食品产业、健康产业等为突破口，支持科技特派员投身优势特色产业创业，开展农村科技信息服务，应用现代信息技术推动农业转型升级，大力推进“互联网 +”现代农业，加快实施食品安全创新工程，培育新的经济增长点。落实“一带一路”倡议，促进我国特色农产品、医药、食品、传统手工业、民族产业等走出去，培育创新品牌，提升品牌竞争力。落实精准扶贫战略，瞄准贫困地区存在的科技和人才短板，创新扶贫理念，开展创业式扶贫，加快科技、人才、管理、信息、资本等现代生产要素注入，推动解决产业发展关键技术难题，增强贫困地区创新创业和自我发展能力。

三、科技特派员制度的组织实施

（一）强化组织领导

发挥科技特派员农村科技创业行动协调指导小组作用，加强顶层设计、统筹协调和政策配套，形成部门协同、上下联动的组织体系和长效机制，为推行科技特派员制度提供组织保障。各地方要将科技特派员工作作为加强县市科技工作的重要抓手，建立健全多部门联合工作机制，结合实际制定本地区推动科技特派员创业的政策措施，抓好督查落实，推动科技特派员工作深入开展。

（二）创新服务机制

加强对各类科技特派员协会的指导，继续实行科技特派员选派制，启动科技特派员登记制。支持科技特派员协会等社会组织为科技特派员提供电子商务、金融、法律、合作交流等服务。建立完善科技特派员考核评价指标体系和退出机制，实行动态管理。加强对科技特派员工作的动态监测，完善科技特派员统计报告工作。

（三）加强表彰宣传

对作出突出贡献的优秀科技特派员及团队、科技特派员派出单位以及相关组织管理机构等，按照有关规定予以表彰。鼓励社会力量设奖对科技特派员进行表彰奖励。宣传科技特派员农村科技创业的典型事迹和奉献精神，组织开展科技特派员巡讲活动，激励更多的人员、企业和机构踊跃参与科技特派员农村科技创业。

第二章
科技特派员制度的理论基础与影响因素

第一节　科技特派员制度的理论基础

一、公共产品理论

公共产品理论构成了现代西方财政理论的基石。该理论将社会产品分为公共产品和私人产品，私人产品可以通过市场分割，而市场不能有效提供公共产品，公共产品应通过非市场方式提供。公共产品理论是政府活动存在的经济学依据，是政府行为选择的理论基础。

（一）公共产品的概念

美国经济学家保罗·萨缪尔森（Paul A. Samuelson）1954 年在 *The Review of Economics and Statistics* 中发表了一篇题为“The Pure Theory of Public Expenditure”的论文，给出了公共产品非常经典而又通俗的定义，按照他的解释：“纯粹公共产品是指这样的产品，即每个人消费这种产品不会导致别人对该产品消费的减少。”

萨缪尔森所定义的公共产品不同于公共所有的资源（如草原、石油等），因为公共产品是任何人对它的消费都不可能减少任何其他人对它的消费，该产品的消费是不具有排他性的；公共所有资源则不同，假如任何一个人放牧进入共有牧场，就同时减少了其他人员进入牧场的放牧量。

公共产品是与私人产品相对而言的，两者可以用是否具有排他性和竞争性来确定。

私人产品的总量等于每一个消费者所拥有或消费的该产品数的总和，它表明私人产品在个人之间是完全分割的，每个人的消费是互相排斥的，消费量是可叠加的。

对于所有消费者来说，消费者为了消费而实际可以支配的公共产品的数量之和就是该公共产品的总量。换言之，公共产品的消费总量等于每个消费者的个人消费量。

（二）公共产品的特征

1. 消费的非排他性

首先，从在技术上不容易排除人们获得公共产品的益处。比如，国防产品就是一个纯粹的公共产品，任何一个人，只要生活在这个国家，要排除享受国防产品的益处是不可能的，除非离开这个国家。公共产品不仅具有非排他性，而且具有非拒绝性，也即收益的不可阻止性。其次，某些公共产品即使在技术上实现排他性原则，但要实现排他的过程，其代价非常昂贵。

2. 消费的非竞争性

消费的非竞争性是指增加一个消费这种产品的消费者，并不增加消费该种产品的成本，也就是其边际成本等于零。具有这种特征的产品就称为消费上具有非竞争性。例如：国防产品、不拥挤的桥梁、非载满的火车客厢、未饱和运转的计算机、不拥挤的国家公园，等等。

3. 效用的不可分割性

公共产品的这一特征在于说明公共产品的效用为整个社会的成员所享用，而不能将其分割。比如，国防产品是一种纯公共产品，只要一个人生活在一国境内，他实际上就享受到了国防产品的效用，但不能说他享受了多少份额的国防产品效用，因为国防产品作为一个整体是不可分割的。所以，任何一个人享受国防产品的效用也是不可分割的。

（三）关于公共产品的实例

为了进一步理解公共产品的含义和特征，我们举个例子进行说明：假设，某地区蚊虫泛滥，引发多种疾病普遍流行，对当地居民身体健康产生了严重危害，也影响到人们的日常生活。这样，消除该地蚊虫就成了一种公共服务（产品）。

要消除该地区蚊虫，理论上每个人都可掏钱治理，但由于存在个人收益与治理成本的巨大差异，可能性很小。该地区的人们还可以通过下列方法防止蚊虫的伤害。

第一种方法，减少在户外活动，终日关紧门窗。这种方法的费用不高，却需要放弃户外活动，而且终日不出门并不是每个人都能够做得到的。在现实生活中，这是一种消极方法，很难执行。

第二种方法，可以选择涂抹驱蚊药的方法，达到防止蚊虫叮咬的目的。这也不需要付出很多费用，但这种方法仍然属于消极防御。经过多次使用后，药物可能因蚊虫产生了耐药性而失效。因此，这也不是解决问题的根本方法。

第三种方法，自己花钱，在房屋周围喷施灭蚊剂，消灭自己房屋范围内的蚊虫。这种方式驱蚊效果更好，但需要花较多的钱，并且不能从根本上解决蚊虫问题，因为过一段时间后，房屋周围的蚊虫仍会飞入屋内。

第四种方法，雇人驾飞机对整个地区进行灭虫剂喷洒。这种办法效果最佳，但却要付出一笔庞大的费用。

由此可见，就某个人而言，无论他采取以上哪一种办法来消除蚊虫危害，都需要面临和解决以下这些问题：（1）治理成本。每个人都受到与自身关联的灭蚊或防蚊成本的制约，不可能采取超过自身经济能力的灭蚊或防蚊措施，如采用飞机灭蚊的方法。（2）在一定程度上也要考虑所采取措施的效果。上述第一种方法不可能做到。第二、三种方法，从效果来看，不足取。（3）如何解决“搭便车”（free ride）问题。个人在考虑自己应采用何种措施时，还受到“搭便车”问题的影响。所谓“搭便车”，是指不支付费用而享受其好处的行为。“搭便车”的存在，是以共同体的其他成员不同时是“搭便车”者为前提的。而“公共悲剧”实际上告诉我们，追求自身利益最大化的个人会导致公共服务的质量下降。

“公共悲剧”的概念是英国经济学教授大卫·休谟（David Hume）在1740年提出的，是指在共同体中，公众对公共产品只想使用、不想付费。从个人角度看，成为“搭便车”者是合理的；但是反过来讲，如果每个人都成为“搭便车”者，那么最后的结果无疑是没有一个人能得到好处。如果所有的社会成员都采取“搭便车”的方式行事，其结果必然是公共财政将没有任何资金来源，从而也就不能持续提供公共产品（服务）。

那么，如何来解决这一地区蚊虫肆虐的问题呢？最佳的办法就是：该地区的居民进行合作，共同开展一项飞机灭蚊活动，既共同分担费用，又共同享受灭绝蚊虫的益处。

接下来的问题是：谁来组织呢？工会、社会组织、职业协会等可以组织，但最好的组织者还是政府。政府承担灭蚊任务，其灭蚊活动的费用可由该地区的居民按照一定的原则来负担，这样就可以从根本上解决该地区的蚊虫肆虐问题。

上述政府灭蚊的行动就是一种公共产品，即蚊虫的全部消灭，使该地区每一个居民都能享受没有蚊虫的好处。

（四）混合经济中的混合公共产品

在西方国家，公共经济伴随着国民经济的增长而增长，并且与私人经济相互交错、互为补充，对于这一情形，西方经济学家称之为“混合经济”。混合经济是指将私人经济和公共经济都包容在内的一种经济状态。

在混合经济中，纯公共产品的例子是非常稀少的。事实上，还有一种不那么“纯”的公共产品，即“混合公共产品”。

混合公共产品是介于纯公共产品和私人产品之间的一类产品，它既有私人产品的属性，也有公共产品的特征。拥挤性的公共产品（congestible public goods）即是其中之一。所谓拥挤性的公共产品，是指那些随着消费者人数的增加而出现拥挤甚至短缺，从而会减少每个消费者可以从中获得的效益的公共产品或劳务。例如，拥挤性的公路。当行驶的汽车达到一定数量之后，再增加一辆车就会发生道路拥挤，出现边际拥挤成本。如果拥挤过度，便会出现堵塞交通的情况，甚至可能引起交通事故。也就是说，对于拥挤性的公路来说，如果汽车数量在限额以内，就具有纯公共产品的特征；一旦数量超过限额，其边际成本就不为零。

另一个例子是价格排他性的公共产品（price-excludable public goods）。这类产品具有以下特点：（1）它的效用表面上面向全社会公开提供，即谁都可以享受。（2）在收益上却表现出排他性，即谁花钱谁享受。（3）通常情况下花费与受益不均等。政府兴建的公园就是这种情况。一般而言，任何人只要肯付费，就可以到公园里游玩。在这里，进公园收费，是更好地利用公园为人们提供服务，而不是为了获利。

可用外部效应来理解混合公共产品：具有外部效应的私人产品就兼有公共产品性质而成为混合公共产品。政府为抵消负外部效应的不良影响，可以通过削减这些产品的生产，以解决市场失灵问题。然而，在存在正的外部效应的情况下，政府可以通过鼓励多生产这类产品，提高资源配置的效率。政府还可能直接提供这些产品和服务，如教育和保健服务。

二、制度变迁理论

道格拉斯·诺斯是美国著名的经济史学家，他和兰斯·戴维斯、罗伯特·托马斯等人一起把经济史学的研究推向了一个新的发展阶段。

（一）制度、制度环境和制度安排

就诺斯本人来说，他对制度的分析起始于对经济增长源泉的探究。他在用传统的经济增长理论对经济史进行研究的过程中发现，对这些模型中（古典的与新古典的增长模型）的经济增长因素（如资本决定论、技术决定论等）进行分析，未能得出令人满意的结论。最不能得到合理解释的事为：1600—1860 年，在世界海洋运输业并未发生类似轮船取代帆船这样重大的技术变革的情况下，海洋运输生产效率却仍然在大幅度地提高。因此，诺斯认为在经济增长中，除传统经济学所讨论的增长参数以外，还有一个很重要的因素被忽略了，即制度。后来，他提出的结论是：如果技术没有发生变化，通过制度的创新和突破，也可以提高生产的效率，达到经济增长的目标。

1. 制度的含义及产生

有关新制度主义经济学的学者们对制度的含义给出过很多不同的解释。诺斯的分析是："制度是一个社会的游戏规则，更规范地说，它是决定人们的相互关系而人为设定的一些规则。制度构造了人们在政治、社会或经济方面发生交换的激励结构，制度变迁决定了社会演进的方式，因此，它是理解历史变迁的关键。""制度是系列被制定出来的规则、守法程序和行为的道德伦理规范，旨在约束追求当事人福利或效用最大化利益的个人行为。"诺斯在这个解释中概括性地描述了制度的基本特征。

制度可以分为正规制约与非正规制约两种形式。诺斯认为，正规制约是指那些由人们有指向性地设计、成文的规则，即专指约束人们经济行为的所有成文规范，主要包括政治（及司法）规则、经济规则和合约规则。而非正规制约主要是指人们的行为规范、行为准则和习俗，它与正规制约相比更具有普遍性。这种普遍性是说这种约束几乎遍布在人类生活的各个领域，如家庭内部、外部社交以及经济活动等方面。诺斯认为，非正规制约（习俗）往往是源于人们从古至今所流传下来的信息或者文化遗产，这是人类一代一代相传的思维惯性，因而其变迁具有连续性。正规制约变迁的最显著特征是非连续性变迁。然而，我们会发现，上述两种不同规则的变迁特性有时是相互矛盾的，有时是互相促进的，这已说明许多历史巨变的最终结果。

这样看来，既然制度是一种限制与约束，那么人类为什么要通过建立"制度"来约束和限制自己的行为呢？诺斯给出了答案：是因为"这些约束（制度）大大降低了人们相互之间影响和发生作用的成本"。诺斯以"信息"为基本元素，诠释了在人们的日常生活中，制度的主要功能在于提供一个相互作用和制约的稳定的关系，同时也提供激励，以此来减少因人为随机性或环境复杂性引起的不确定性，降低了交易成本。具体来说，一方面，人与人之间的相互交换（交易）必须经历获取信息的过程，而信息越来越复杂且多变，获取它的成本就显得非常高；另一方面，人类的理性是有限的，常会出现处理信息的能力与信息的难易程度不相匹配的现象，为了解决这个矛盾，制度的产生显得尤为必然。但诺斯又提出，这并不能够说明所有的制度都是高效率的，换句话说，在人类历史的进程中，那些无效的制度早晚会被摒弃，只有一些真正有效的制度才会留存下来。

2. 制度环境和制度安排

诺斯在《制度、制度变迁与经济绩效》中给出了制度变迁的含义，即“制度变迁一般是对构成制度框架的规则、准则和实施组合的边际调整”。制度创新也是一种制度变迁。为了更好地解释制度变革对于经济增长与发展的影响，诺斯专门从“制度”这个概念出发，把制度划分为两种形态：一种是基本形态，另一种是相对具体形态。诺斯指出，“制度环境”是一套在政治、社会和法律层面上，用以确立生产、交换和分配的基本的政治、社会和法律规范。而“制度安排”则是指决定各经济单元间可能发生的合作和竞争方式的一种规律性的安排，它是制度变迁过程中的一种细微的调整。制度环境是一种既有正式形式又有非正式形式的制度安排的稳定结构。也许只是一时，也许只是一段时间。可能是个人，也可能是组织，还可能是政府。然而，这种制度安排的目的却不会改变，那就是为其成员提供一种可以通过合作获取在外部条件下无法获取的额外利益的结构；也可以提供一种机制，这种机制可以对法律和财产权的变化产生作用，从而改变个体（或群体）的正当竞争方式。这种制度安排在形成高效组织的同时，也形成了新的竞争模式。“制度变革”与“制度创新”是指制度安排的改变。

（二）制度的均衡与非均衡

诺斯虽然认为传统经济学在分析经济增长时忽略了制度因素是错误的，但在他的理论分析中仍坚持经济人的假定，仍采用成本－收益法、供求分析法，因此建立的增长观仍属于新古典经济学范畴。

在分析制度变迁时，诺斯有效地将供求分析拓展到制度分析领域。他认为，与商品市场中的需求方和供给方一样，在制度市场上，制度的需求方和制度的供给方同样存在。制度的需求通常是指享受制度服务的接受者的需求，以及社会的需求，这种需求是根据社会成本和在分析社会收益的基础上确定的。制度供给则是指制度决策者的供给，是由制度决策者“生产”和提供的。

制度的社会成本和社会效益一般不能作为制度供给的依据，制度供给的依据往往是个别成本或个别效益。决定制度供给的个别成本往往不是制度的运行成本，而是制度的变迁成本。

一般情况下，当制度的需求和供给既对立统一又能保持一致性时，制度表现出均衡状态，此时，人们对当前的制度安排和制度结构表现出满足或满意状态，人们无意也无力改变现行制度。然而，在现实生活中，非均衡性制度也很常见，由于这种不均衡，无论是哪方率先突破，必然引发制度更新。这里所说的制度非均衡是指扩大或缩小同一制度的管辖领域，能够增加制度收益时的状态。简而言之，就是人们对当前制度表现出不满足或不满意，想要改变和突破制度但又没能改变的状态。人们表现出不满意，其原因往往是在现有的制度安排和制度结构不变的情况下，伴随着市场规模的扩大、技术的革新和特定团体收入预期的变化，原本的预期净收益远远超过了预期成本，出现了潜在利润。这样，最初的均衡状态将会被打破，下一项新的制度安排必然会问世，其结果是新的制度再次趋向均衡状态。可见制度创新与变迁是制度非均衡的必然结果，也可以说制度非均衡的轨迹就是制度变迁的轨迹。然而，各种行为主体（如个人、团体或政府）在推动制度变革时都要遵守制度变革的基本原理：只有在预期利益大于预期成本的时候，这些行为主体才会推进制度创新，直到最后实现制度变革。

诺斯指出，经济发展的决定性因素是制度变革，而制度变革则是由平衡向不平衡发展，再向平衡回归的一个过程。从社会和经济的发展来看，与帕累托优化类似，制度的平衡仅仅是一个理想化的结果，即便偶然发生，也不能持久，而不能维持的系统的不平衡却是一种正常现象；制度不平衡是导致制度变革的一个重要原因，而这种持续存在的利益驱动着人们进行制度创新。

（三）制度变迁与经济增长

在过去很长一段时间里，人们常把经济的发展的原因归结于“资金投入”“技术创新”等，而诺斯则对这一观点表示质疑。他指出，光有上述条件是远远不够的，对一个国家的发展起决定性作用的是体制。

首先，诺斯提出，财产权在一个国家的发展中起着举足轻重的作用。他认为，创造财富的不是物而是人，是人的积极性，所以经济增长的本质就是社会是否有一种激励人们积极、负责和创造性劳动的机制。人从本质上都是在寻求自己的利益最大化，只有当个人拥有明确的产权，其积极性才会最大限度地被调动起来，从而促进社会经济的快速发展。因此，对产权的界定和改革是促进和推动我国经济增长的诱因和动力。诺斯认为："高效的经济结构是实现经济增长的一个关键要素。""西方世界崛起的原因就在于建立了一个高效的经济机构。"而保持一种经济结构的有效性，就要在制度上作出系统性安排并确立产权，从而产生一种刺激，使个体的经济行为转变为私人收益率更接近于社会收益率的行为。因此，一种能够为个体提供激励的高效产权制度，是促进经济增长的决定性因素。

其次，诺斯认为，国家在经济发展中扮演了重要角色。他指出，产权的确定和执行都需要付出代价，之所以历史上很少出现有效的产权，是因为产权类似于"公共产品"，如果完全只靠个人来确定，其代价会很大，并且会出现严重的供应短缺，因此必须通过政府介入。诺斯认为，政府是产权的界定者与执行者，产权不一定都是有效的，政府最终要对造成经济增长、衰退或停滞的产权结构的效率负责。诺斯指出，政府对经济发展的影响是双重的：一方面，政府在力量上拥有相对优势，能够对产权进行规范与执行，可以为经济发展创造一种不是靠个体的努力就可以实现的运行环境，即使是在体制失衡的情况下，也可以用强迫的手段来推进制度变革；另一方面，由于特殊利益集团的作用和政策失败等因素，在社会面临制度变革时，政府不一定积极努力推动制度的变革。因此，政府的利益目标也呈现出两面性和矛盾性：一是其努力追求收益的最大化；二是要努力降低交易成本，实行高效的产权制度。这两个目标之间的矛盾与冲突，可能会造成无效率产权，阻碍经济的可持续增长。因此，由政府决定产权结构，就必须对产权的有效或无效安排及其对经济产生的增长与衰退影响负责。而这一点，更关系到一个国家的兴衰。

最后，诺斯把意识形态引入他的理论中，并提出意识形态在经济发展中的重要作用。诺斯认为，意识形态是人类对世界的一系列信念，既是一种规范制度，又是一种世界观。意识形态能支配和解释信念、制度的合法性，它是一种行为方式，是个体和环境之间达成协议的一种节约成本的手段，这种方式通过提供给人们一种世界观而使行为决策更为经济。诺斯认为，既然意识形态是影响经济发展的一个变量，人们就必须确立一种有益于经济发展的、高效的意识形态。他认为，一个成功的意识形态，不但要让人们意识到现行制度中的不公和低效，更要让人们确信，只有通过他们亲自参与改革活动，才能创造出一个公平且高效的制度。而衡量这种意识形态的一个最基本的标准，是看它否能够克服社会中普遍存在的“搭便车”现象，其根本目标是“促使某些团体停止以简单的、快乐的、个人的代价对利益的权衡”。与此同时，意识形态也不可避免地会与人们对公平、道德和伦理的评判等联系起来，这就意味着有一种关于可能性的非此即彼的选择观念，当人们的经验与思路不一致时，就会尝试去改变意识形态。由此可见，意识形态对人的影响是非常大的。因此，意识形态也需要具有一定的灵活性，以适应形势的要求。当然，创建一种意识形态还需要考虑成本，如果代价过大，能够体现一个群体利益的意识形态就无法产生。

综上所述，诺斯用产权理论来解释经济增长和成效，用政府理论来解释产权的界定和行使的效率，并试图将意识形态理论和政治、经济制度的结构理论联系在一起，从而构建出一个经济、政治、文化相互关联和约束的制度“结构”，并以此来解释人类社会的“变迁”。

三、人力资本理论

（一）人力资本的概念

早在 200 多年前，亚当·斯密就提出了人力资本的思想。但根据目前掌握的情况看，“人力资本”一词最早是由全美制造商协会工业教育委员会于 1912 年提出的。1960 年，舒尔茨在美国经济学年会上较全面地阐述了人力资本的理论，其后，经过许多西方经济学家的丰富和发展，终于形成较完整的理论体系。

1. 人力资本的定义

舒尔茨等人提出，人力资本，简单地说就是体现在人身上的、可以为人们提供未来收入的一种资本。

西方经济学家认为，资本有两种形式：一种是物质资本（physical capital），它体现在物质产品之上，如原材料、机器设备、厂房和半成品等；另一种是人力资本（human capital），它体现在劳动者身上。但任何事物，除了量的限定外，也存在着质的规定性，质与量的结合统一，才是对一个事物性质的完整描述。尤其是当人类告别福特式的标准化时代以后，产品、服务和社会都呈现出了更为多样化的趋势，质的特征变成了事物最为根本性的特征。以家用电器为例，各个厂家抢占市场的关键并不在于其产品的数量，而在于其产品对消费者需求的适应程度。同样，对资本的判断，也要更加关注资本在质的方面所显示出来的特征。在判断一国人力资本状况时，除了劳动者数量外，还应同劳动者的工作能力、技术水平和熟练程度联系起来。

因此，对人力资本的更全面的描述应该是：体现在劳动者身上的、以劳动者的数量和质量表示的资本；它能促进社会经济增长和个人收入的增加，是一种生产性资本。或者更准确地说，人力资本是人们在自己身上投资所获得的、能够增加个人未来的收入、促进国民经济增长的知识和能力。

2. 人力资本形成的途径

既然人力资本不仅体现在劳动者的数量上，还体现在劳动者的劳动能力、技术水平和熟练程度等方面，那么，在劳动者的身上，他们所具有的质的方面的特点是如何形成的呢？舒尔茨和他的同事总结出了以下几种方式：

（1）教育。经过教育（包括在职教育、自学等），可以使劳动者的工作能力、技术水平得到提升，使个人收入得到提升，进而促进社会经济增长。在多种方式中，教育是最主要的一种方式。

（2）医疗保健。医疗保健可以促进人们的身体素质，降低人们的患病率和死亡率，增加人们的劳动能力与活力。所以，医疗保健同样可以成为人力资本形成的一个主要方式。

（3）劳动者迁移。经济理论研究表明，通过生产要素的流通，可以调整区域间的供需关系，实现区域内资源的合理分配，从而促进区域内的经济发展。同样的，作为一种生产因素的劳动力也是如此。一方面，当一个区域出现了劳动力过剩时，就会出现人才浪费的现象；另一方面，在人力资源严重不足的区域，其他生产因素也无法被充分利用，从而制约了区域经济的快速发展。因此，劳动者的迁移，可以将人力资本的功能完全地展现出来，这也算是一种对人力的投入，是一种能够产生人力资本的方式。

（4）移民。所谓“移民”，就是外来人口向自己国家迁移的过程，也就是人口的跨国迁移。若入境的都是受过专门培训的人才，则可通过移民的方式提高国内的人力资本，并可节省相当多的培训成本。哪怕只是一个普通的工人，也可以省去他们在移民之前的生育、抚养和医疗方面的花费。如果移民不会对本国的工作产生不利影响，对基本建设和基本服务也不会带来很大的负担，那么移民是可以被接受的。因此，移民也是一种人力资源的产生方式。

（5）信息获得。在工商业活动和个人生活中，资讯的使用是当今世界最重要的特点之一。人力是生产活动中最为积极的因素，要使人力资本得到最合理的配置，就必须充分占有信息，只有这样，人力资本才能在劳动资本参与的市场竞争中，影响市场的分配方式和分配总量。

舒尔茨对人力资本的生成路径进行了剖析，从而证明了其理论的一个假设，即劳动力是一种生产因素，它不但有数量上的差别，更有质量上的差别。

3. 人力资本与物质资本的异同

西方经济学家认为，人力资本与物质资本之间既存在着共同特点，又存在着不同。它们的共同特点是：二者都在物质生产中发挥重要作用；二者作用的结果都使国民收入增加、经济增长；二者都是通过投资形成的，且这些投资都意味着减少或牺牲现期的消费以换取未来的收入。

人力资本与物质资本主要的不同是：物质资本的所有权是可以买卖、转让、继承的；持久性的物资资本可以存储，而人力资本却不能长期存储，因为，在当今社会，知识正在以惊人的速度更新和贬值。

另外，在某种程度上，人力资本与物质资本也是可以互补或代替的。例如，一定量的国民收入是一定量的物质资本和人力资本相互融合的产物，使用较少的物质资本和较多的人力资本，或者使用较多的物质资本和较少的人力资本的组合，通常能够获得相同数量的国民收入。

（二）人力资本理论的基本点

英国著名的教育经济学家马克·布劳格曾经提出“人类具有前瞻性”，即人类能够利用自己的各种资源（包括资金、时间等），为未来带来更多的金钱或非金钱收益。用更通俗的说法表述就是：人是有预见性的，把各种资源投入在自己的身上，以便在未来从物质或非物质中获取更多的利益。由此可见，在这一点上，西方教育经济学家完全是用商品经济的观点考察和探讨人们对教育和其他有关自身投入的。

虽然，关于人力资本的研究十分丰富，但是总结下来，基本观点主要有如下几个方面：

1. 人力资本投资比物质资本投资更重要

舒尔茨等学者指出，物质资本投资与人力资本投资同是生产性投资，二者对经济增长起着不可或缺的推动作用。相对于物质投资，人力资本的投资更为重要。因为，在没有人力资本投资的情况下，无论投入多少物质资本都是徒劳的。尤其是在现代社会，人力资本的投资比物质资本的投资更重要。他们认为，当前生产力的快速增长，是由人力资本的不断积累和扩大带来的，并以日本为例，指出日本能从战火中快速崛起，很大程度上是由于过去对人力投资，以及战后重视人力投资。他们着重说明了当今全球经济发展中最为显著的一种现象，即人力资本的持续生成与扩张。如果没有对人进行大规模的投资，就无法促进经济的增长和整个近代文明的产生。比如，自“二战”以后，一些发展中国家虽然引进了许多发达国家的技术和装备，但是没有取得很好的成效，究其原因，主要在于对人力资本的投资没有同步，缺乏高素质的管理人员和技术人员。

舒尔茨等学者也认为，要想促进经济增长，必须确定物质投资和人力投资的合理比例。哪种投资的收益率高，哪种投资就应该优先进行，反之亦然。当二者的收益率差不多的时候，这就是最佳投资比率。忽视和贬低人力资本投资的作用，只注重物质资本的投入，势必会对经济发展造成不利影响。

2. 教育投资是人力资本投资的核心，教育投资增长速度大于物质资本投资增长速度

人力资本投资的方式和途径有很多种，但核心部分是教育投资。大部分

的西方学者都认为，教育是一种对经济发展起着重要作用的生产性投资。这是由于，要实现经济发展，最重要的就是要改善劳动力的素质，进而使劳动生产力得到极大的提升。而要想提升国家的劳动力素质和劳动生产率，就必须通过教育来实现。他们认为，不同国家在人口和劳动力方面的先天才能是趋于均衡和相似的，但是在后天获得的能力，不同国家之间存在着很大的差异。各国人口和劳动力质量的差别主要取决于后天能力。这种后天能力体现在知识、技能、文化修养、企业精神和创新能力等方面，这些都离不开教育。

由于对经济发展具有举足轻重的影响，所以，教育投资的增速要高于物质资本投资的增速。根据舒尔茨的论证，在1900—1957年，美国物质资本的投资增长了约4.5个百分点，而教育和培训方面的投资，则增长了约8.5个百分点。同一时期，物质资本投资获得的利润增加了3.5倍，而教育投资获得的利润增加了17.5倍。根据丹尼森的统计，1948—1982年，美国国民生产总值年平均增长率为3.2%，其中1/3来自劳动者受教育程度的提升，1/2来自技术创新和技能的提升，这些都依赖于教育；而来自资本装备增加的仅占15%。

3. 教育成本中由国家承担的比例逐渐增加

根据美国经济学者费希洛的说法，美国政府负担的教育费用在全部教育费用中所占比重如下：1860年占57%，1870年占65%，1880年占77%，1890年占79%，1900年占79%。其他国家的情况也类似。在总的教育支出中，国家承担的比例增加，个人承担的比例减少，与此相反，个人因受过高等教育而舍弃的所得，在其教育开支中所占的比重越来越大。但是，到了20世纪80年代，在高校中却呈现出一种与之相反的发展态势，学生自己负担的成本所占的比例越来越大。

4. 资金投资的着眼点，持续从物质资本转向人力资本

当前，随着科学技术的飞速发展，人们越来越认识到，要想不断提升劳动力的素质和生产率，就必须依靠人力资本的持续积累。为了保证国民经济持续发展，许多国家的教育投资随着社会财富的增长而相应增长，投资的重点也从物质资本转向人力资本。舒尔茨对轻视教育地位的过时观点进行了批判，这种观点认为资本应该只由物质资本组成，并将钢铁、民航、辅助工业和土地发展作为优先事项，而仅将少量的资本用于中等教育和高等教育。舒

尔茨认为，应该加大对可能产生最佳预期收益率的人力资本的投资。根据美国经济学者的测算，一个国家的教育回报率在8%~15%之间，与之相比，物质资本的投资回报率在8%~10%之间。随着年龄的增长，教育的机会费用和成本也会随之增加。所以，虽然大学教育的收益绝对值是高的，但是成本的增长也很显著，这就导致了个体回报率的下降。

（三）人力资本理论的积极意义

人力资本理论的提出，引发了许多西方国家的强烈反应。在此之后，许多经济学家开始拥护人力资本，并称其为“一场经济变革”。在本书中，笔者提出了一个观点，即人力资本是为了适应现代经济和科技革命的发展而产生的，因此，它包含着很多理性的成分在内。

1. 强调改善人力资源在发展中的作用

舒尔茨等学者认为，在所有的资源中，人力资源占第一位。劳动力质量的提升，无论对经济增长还是对劳动者收入的提高，都会带来巨大效益。所以，他们坚决主张，将一切用于改善劳动力素质的开支，都看成是一种生产性的投资，并且反对将这些开支看作纯粹消费的传统观念。

现代西方经济学家对忽略人力资源的传统西方经济理论进行了犀利的批判。舒尔茨明确指出：“已往的经济学家没有强调人们向自己本身进行很大投资这样一个事实，他们没有勇气来碰碰多种形式的投资。”

舒尔茨对李嘉图“土地受益递减规律”以及马尔萨斯人口论的悲观论调提出了批判，并提出了自己的看法。许多经济学者都认为，土地面积的固定与不断增加的人口，会造成地球上资源的枯竭，人类也会因此陷入困境。舒尔茨则认为：“空间、能源和耕地并不能决定人类的前途。人类的前途将由人类才智的进化来决定。”

舒尔茨的这一观点，既有其辨证性，又有其合理性。这既对传统经济理论对人类前景所持有的消极看法进行了批评，也为开创人类美好的将来指明了道路，同时也为经济学的研究开拓了新的方向。

2. 为满足社会和经济的发展而制定的一套人才政策

在以人力资源理论为依据的前提下，戴瓦纳等人提出了以人力资源为核心的人才政策，并着重指出了人力投资在经济增长中所发挥出来的重大作用，并提出了将投资的重心从物质投资转移到人力投资的观点，同时还提出了一个观点，即人力投资的增速应该快于物质投资的增速。这些建议既具有一定的学术意义，又具有一定的现实意义。在知识经济来临之际，更是如此。

四、科技扶贫理论

（一）科技扶贫的理论基础——科学技术是第一生产力

马克思和恩格斯从天体演化学说、能量守恒与转化规律、电学理论、细胞学、生物进化论等一系列成果及其在人类社会实践中的应用中，发现了科学与物质生产之间的内在关系，认识到科学力量的本质表现，从而更深入地认识到科学的性质、功能和作用，提出了“科学是生产力”的论断，从而发展了培根的科学观。马克思曾经指出，科学——财富的最可靠的形式——就是产品，就是财富的生产者，就是一种理想的力量，表现为人们生产力的形式之一，同时也是实际财富。马克思把科学、生产力和财富三者相提并论，可见科学是何等的重要。马克思在考察了科学技术在工业革命发展进程中的重大作用之后，还指出，科学是一种在历史上起推动作用的、革命的力量，科学是一般社会生产力，生产力中也包括科学。马克思主义的学说，之所以能够获得科学界的崇敬和高度评价，重要的原因之一就是首次阐明了科学的社会功能和社会属性以及科学对社会的必要性。

现代科技的发展速度迅猛，无论是自然科学、社会科学，还是思维科学和综合科学，都取得了空前的成就，科学技术已经形成了一个严谨的知识体系。在科学上的研究成果可以快速转化为一系列高科技群，这让人类改造自然和开发利用自然资源的能力极大增强，进而使人类对科学技术的功能和地位的认知有了一次新的飞跃。邓小平在洞察和剖析了现代科学技术在社会发展中的地位和作用的基础上，以马克思主义者的远见卓识，高瞻远瞩地作出了“科学技术是第一生产力”的论断，从而丰富和发展了马克思主义的思想宝库。从上述分析来看，“科学技术是第一生产力”的论断，是符合人类认识规律的，是具有科学性的。

（二）农业科学技术

农业科学，是研究农业生产理论与实践的科学，它是自然科学和社会科学的交叉学科，是一门大的应用科学。农业科学技术发展到现代，不是单一的一门学科或一门技术，而是由许多学科联系起来的整体，是建立在实验科学基础上的理论形态以及应用这些理论发展起来的各种专门技术的综合体系，是农业科学技术发展历史中分化和统一的结果，它反映了其历史演变的某些规律性。农业科学技术的内容大体包括如下几个方面：

1. 农业生物科学

农业生物科学是一门与生物有关的科学，占农业科学的很大比重，形成了农业科学的特点，包括植物学、动物学、植物生理学、动物营养学、遗传育种学等。

2. 农业环境科学

农业环境科学是研究与农业生物相关的一些环境因素的科学，它涉及对与农业生产密切相关的各种自然条件的认识、利用和改造，包括土壤学、农业气象学等。

3. 农业工程科学

农业工程科学是对控制农业生产的人工手段进行研究的一门科学，包括农业机械学、农田水利工程学、食品加工学等。

4. 农业经济科学

农业经济科学是研究农业生产中涉及的经济问题、管理问题和社会问题的一门科学，包括农业经济学、农业会计学等。

从研究的层次来看，农业科学技术可分为三个层次：（1）基础研究，基础研究的成果构成了农业基础理论学科的内容，如农业生物科学的内容。（2）应用研究，主要是研究理论成果向物质技术和方法技术转化等方面的问题，如育种学。（3）开发研究或发展研究，是研究物质技术和方法技术的引进和推广问题，是直接为生产服务的。这三个层次互相联系，构成了农业科学“理论—技术—应用”的体系，反映了由理论到技术再到应用的科学技术转化为现实生产力的过程。

农业科学技术的形成只是近代的事，而农业科学的萌芽却可以追溯到很远的时代。它的产生与发展一开始就是由农业生产决定的，不同的生产力水平和生产关系，产生了不同水平、不同形态的科学技术，并决定了不同的发展阶段和特点，构成了农业科学技术独特的发展规律和内部机制。

（三）科技进步是农业开发的最大潜力所在

世界农业发展的历程表明，没有科技进步就没有今天农业的成果，科技进步使农业从刀耕火种的原始农业发展到今天的现代化农业。农业要进一步发展更离不开科技进步，对于农业尚比较落后的我国来说尤其如此。也可以说，科技进步是我国农业发展的最大潜力所在。

农业科技进步指的是一个持续创造新知识、新科学和发明新技术、新工艺的过程，具体指将新技术、新成果在农业生产中持续地推广应用，将它们转变为实际生产力，推动物质财富的增值，从而提升社会经济效益的发展进程。这是“科学—技术—生产”之间互相联系、互相约束的过程，也是将知识形态的第一生产力转化为物质形态生产力的发展过程。具体来说，“科学”是农业科技进步的基础和主导因素，“技术”是农业科技进步的中间环节和关键硬件。如果没有矿质营养学说、杂种优势学说、分子生物学等科学知识，就不会有化学肥料的制造和施用技术、作物杂交育种技术和现代生物技术等；如果没有上述新技术，也就没有今天农业的化学化、良种化。

农业科技进步包括极其广泛的内容，既有生产工具、生产资料的改进，又有劳动者技能和素质的提高。农业科技进步表现出很强的社会性，并越来越表现出它的综合性。

农业科技进步因素，大致可分为“硬科技”和“软科技”两类。“硬科技”因素包括作物和畜禽良种技术、耕作和栽培技术、施肥技术、排灌技术、病虫害防治技术、农业机械化技术、农业电气化技术、农产品贮藏加工技术、自然灾害防御技术等。“软科学”因素包括农村产业结构、农业区划、农业经济管理、农业生产管理、技术政策、经济政策等。

值得注意的是，以综合技术为主导的现代农业技术的进步，仅靠单一技术引发的技术进步是非常有限的。在此过程中，要重视农业科技进步中每一个环节的协调发展，也就是要加大科研扶持力度，持续创造新学说、新知识、新技术；要大力推广新技术，以推动农业企业的发展；要努力提升农民的科学文化素养，让他们能够更好地吸收和掌握新技术，包括科学研究、技术推广和生产应用三个方面的和谐发展，这是影响农业科技进步的一个重要因素。这就要求：（1）农业科研要走在农业发展的前列，做好科技储备，不断为农业发展提供新技术和新成果。（2）构建完善的农技推广系统，加快已有科学研究和实践技术的普及与利用。（3）要加强对农户科技人员和广大农户的教育，让他们学会新的、实用的技术，从而提升他们的科学种植水平。

农业科技进步对农业生产力的发展起着巨大的推动作用。概括地说，它能够使原有数量的生产要素，如一定的土地、劳动力、化肥、农药等物质投入，产出比以前更多的产品。随着有限的农业资源的开发利用和生产集约化程度的提高，增加单位物质投入量的产出量递减，人们越来越注重发挥科技进步的作用。这不仅是因为科学技术的潜力是无穷的，而且因为它比其他资源代价低、效益高。

依靠农业科技进步，实现扩大再生产，有利于提高经济效益，促进农业经济增长。当然，影响经济效益的因素是多方面的，并非完全由科技进步所左右。但科技进步是提高农业生产经济效益的重要因素。

（四）科技扶贫与农业科技的特点

农业科技的特点源于它特定的研究和服务对象。农业科技所研究和服务的对象是农业。只有对农业科技的特性及其与农业生产的联系有了较为深刻的理解和把握，才能在科技扶贫的实践中占据主动。下面让我们从农业科技与农业生产相结合的视角，对农业科技的特征进行分析。

1. 农业的基础性作用使得农业科技尤为重要

农业是人类的衣食之源、生存之本，是整个社会的基石。农业是人们利用生物机体的生命力，将自然界中存在的各种资源和能量，转变成最重要的生活必需品和生产原材料的一种产业。所以，我们说农业生产是生物的再创造，是植物、动物、微生物等有机体与自然环境之间相互进行能量转化、物质变换和循环的过程。这种物质的循环使农业成为人们生活中最基本的一部分。人们为何无法离开农业而生存？原因显而易见，人总要吃饱饭。人类生存所需的能源，目前还只能从谷物等食品中获取。当农产品供给过剩的时候，社会可以把其中一部分劳动力转移到其他活动中去。农业生产在人类社会发展历史上的这种特殊重要地位，既不因社会制度的不同而改变，也不因农业生产在国民经济中所占比重的缩小而降低。就像马克思所说的那样，“超过劳动者个人需要的农业劳动生产率，是一切社会的基础”。

总之，现代农业科技与农业生产有着极为密切的关系，它的发展水平和规模直接影响到农业乃至整个国民经济的发展。无论是利用现有的资源，还是利用新的资源来提高生产力，都可以促进农业生产和乡村经济的发展；无论是要提高农产品的产量，还是要提升农产品的品质，或者是要发展商品经济，都必须要加强科技意识，高度重视农业科技。

2. 农业科技投资效率的提高在农业生产中得到了充分体现

农业科技投入对于农业生产的发展具有重要作用。一般地说，科技是指导人们认识自然、探索自然规律、改造物质世界的技能和方法，是在长期的科学研究中逐步积累起来的。科研成果在未被应用和普遍推广时，是种潜在的生产力，这种潜在生产力转化为直接生产力就会对生产起推动作用。这正是政治经济学理论所阐明的，复杂劳动创造的价值若干倍于简单劳动。具体而言，农业科技投入的高效性，是农业科技和农业经济发展到一定的时期才出现的。这个时期的特征：一是农业科技已经达到了一定的水平，可以持续地取得重要的、突破性的成果，可以解决具有全局性、关键性的重大科技问题；二是农业经济发展对科技进步的迫切需求，为科技进步创造了良好的环境。从现代农业生产发展的实际情况来看，农业生产对科技的要求也越来越高。

综上所述，尽管采用了现代化的科技方法和人为控制条件下进行的研究，但自然环境条件对农业科研活动的影响仍然很大。例如，生物基因转移、植物种质改良、农业生物生理、根际动态、生物制约、环境调控等基础研究的成果最终都要回归到实际的农业生产中去，并不可避免地受到环境条件的检验、制约和影响。这可以说是农业科学的一个突出特征，同时也是它的困难与复杂之处。

3. 农业科技研究开发的复杂性和艰巨性

农业技术进步对农业生产的促进作用，与工业及其他产业的技术进步相比也有其特殊性。由于农业科技成果的应用受各地气候条件、土壤状祝和耕作栽培技术等诸多因素的制约，往往一个成果在甲地推广效益显著，在乙地推广效益却不显著，甚至有的还带来负效益。如一优良品种的推广，虽然良种本身具有高产、优质、低消耗的性状，但由于种植环境的地理位置不同，以及地区间自然资源、社会、经济、技术等条件差异较大，可能出现这一良种的优良性状在此地可以充分表现，在彼地则表现不完全或完全不表现的现象。

实践一再证明，通过推广农业科技来达到促进农业技术进步的目标，必须明确一个清晰的观念：以当地的实际自然条件为起点，因地制宜地制订农业技术进步的最佳计划，明确当地农业生产和发展的主要方向和战略措施，绝不能一概而论。只有这样，才能避免盲目性、增强主观性，使农业增产有可靠的、科学的保证。

在推动农业科技进步的实践中，一方面，随着农村改革的深入发展和以家庭联产承包为主的生产责任制的普遍建立，我国农村经济发生了历史性的深刻变革，广大农民的生产积极性和学科学、用科学的热情空前高涨，科技扶贫在全国迅速崛起。另一方面，还必须看到，我国长期以来一直是农业大国，传统农业的生产方式和其带来的思想影响根深蒂固，小农经济的影响严重存在，现代科技基础薄弱，经营管理落后且分散，多数农民的科学文化水平低下，生产方式落后，商品经济发展不足，各地区之间的经济、社会发展也不平衡。任何一项先进的生产技术和农业科技成果的推广应用，必须通过亿万农民的消化、吸收和掌握，才能变成现实生产力。为了保证我国农业持续、稳定、协调发展，把农业发展进一步转移到依靠科技进步和提高亿万农民科学文化素质的轨道上来，已成为摆在我们面前的一项十分紧迫的、艰巨的战略任务。

五、农业科技成果转化理论

科学技术在未应用于生产之前，只是潜在的、知识形态的生产力，而不是现实的、物资形态的生产力。从潜在的、知识形态的生产力到现实的、物质形态的生产力，需要有一个转化过程。农业科技成果只有经过转化，物化为直接生产力，才能发挥作用，推动农业生产和农村经济发展。

按科学研究工作的性质，我们将农业科技成果分为基础性成果、应用性成果和开发性研究成果。不同研究目标的农业科技成果，其转化过程和难易程度都是不同的。基础性研究即理论研究，这种研究所获得的成果，一般可以转化为应用研究成果。应用性研究成果包括物质技术和方法技术，一般需要经过开发试验研究和技术推广，通过推广人员传递给农民或者转化为农民的劳动技能，才能更有效地应用于农业生产。开发性研究则可以直接用于生产。

（一）农业科技成果转移

农业科技成果的转移是指不同来源的农业科技成果或系统性知识，通过不同的途径，从成果供给方向成果需求方转移的过程。它包括科学技术从科研机构向产业的转移、从城市向农村的转移，以及行业之间的转移、国家之间的转移，或者科学技术自身系统内输出与输入的所有活动。

农业科技作为人类共同创造的财富，从一个国家转移到另一个国家，从一个地区转移到另一个地区，是人类社会中一种客观存在的日常活动。现阶段，科技成果的转移已成为科技活动在一个地区甚至一个国家经济活动的重要组成部分。1989 年，我国提出了“科技兴农”战略，其内容是把农业科技成果从科研院所、高等院校转移到农村，向农业生产一线转移，为农业经济目标和效益服务，充分发挥农业科研成果和科学技术在发展生产、繁荣农村经济和提高农民物质文化生活水平等方面的巨大作用。

（二）农业科技成果转化

农业科技成果的转化是把潜在的、知识形态的生产力转化为实用的、物化的生产力，并通过农业生产环节将其应用于生产的过程。从广义上来说，是指农业科技成果从科学技术领域向生产领域转移的过程，包括基础研究成果向应用开发成果的转化，使农业科技成果能在农业生产中继续推广和应用，转变为生产能力，并获得直接或间接的经济效益。从狭义上来说，科技成果的转化是指科研单位将小规模试验或实验室环境下取得的科技成果应用、推广到实际生产中，并在生产领域产生作用或效益。农业科技成果转化是一个系统工程，是有组织、有目的、有计划地将科学技术的潜在生产力转化为直接生产力的过程。

（三）“转移”“物化”和“转化”概念的区别

1. 农业科技成果“转移”与“转化”概念的区别

农业科技成果的“转移”，是指将不同来源的科技成果移植到其他领域，成果分布存在显著的空间变化；而“转化”是指将科学中包含的潜在技术转化为现实的实用技术，并具体化为物质产品，进入科技成果的生产、流通、商业化和产业化领域。这是成果属性的变化，从科学到技术再到生产的转化过程。从潜在技术到实用技术和产品，虽然包含生产性要素，但基本上仍然属于科技活动的范畴。而商品化、产业化主要是指社会生产和经济活动。农业科技成果“转移”与“转化”的根本区别在于：生产能力的形成是科技成果转化的重要标志，而“转移”则是把科技成果转化为加强生产力的重要的措施和途径。对于技术成果的持有者而言，“转移”可以通过有偿转让、有偿服务、专利销售等方式提供直接经济利益。对于技术成果的使用者（受益者）来说，他们通常需要根据当地的实际情况对成果进行研究或应用，以形成现实的生产力，才能获得更大的经济效益。要实现科学、技术、经济和社会的协调发展，就必须在做好成果转移的同时，重视和提升成果转化的效率。

2. 农业科技成果“物化”和“转化”概念的区别

所谓“物化”，是指知识形式的科技成果被转化成为物质成果的过程。例如，在实验室里，基于理论基础或应用研究成果而生产出物理样品或模型的过程，就可以被称作一个“物化”过程。这只是科技成果转化过程中的一个必经阶段。对于科技成果来说，我们不能简单地把它具体化为物化的模式或样品，而必须抓住它的后续转化，只有将它转化为直接的生产力，才可以说科学技术在经济建设和生产中发挥了作用。

（四）中间试验

中间试验是考察科研成果在不同环境条件下具体表现的试验。它是验证农业推广项目是否适合当地的自然、环境和经济条件，并确定新技术推广的价值和可靠性的过程。同时，中间试验也是对地方推广的新技术进行可行性研究的开发试验。通过可行性研究，人们确定了当地条件下不同品种、肥料配方、植物种群和栽培技术的最合适条件。

（五）成果示范

成果示范是在推广人员的指导下，向农民展示某些科研成果在当地的实践经验，是农业技术推广继中间试验之后的第二个必须经过的步骤，是技术逐步传播和扩散的过程。成果示范通过具体生动的实例，向农民展示一项新技术在当地应用的优势，以引起农民采用新成果的兴趣，进而实现推广新技术的目的。成果示范是一种可以让示范对象通过全方位感受去学习的一种推广方式。被称为“美国农业推行之文”的南伯认为，利用农民自身的实践和成功经验来进行新技术的推广，可以更好地激发农民的求知欲。通常情况下，成果示范都是在农民的田地中进行，这样的展示方式可以让农民们用自己的眼睛去观察，具有更强的说服力，也更易于为农民们所接受。

成果示范不同于中间试验，应该进行区分。成果示范是用典型事例向农民推介先进技术的一种方式，是经过了中间试验之后的推广阶段，其目的不在于对新技术进行研究，而是给农民提供一个可以学习新技术的样板。因此，二者不能相互取代。

（六）农业技术开发

农业技术开发是利用基础研究和应用研究的成果，通过各种必要的、具有实用目的的实验，生产开发出新的农产品、材料、设备、技术和工艺的各种技术活动，是将科学研究成果应用于生产过程中的重要环节。农业技术开发的核心内容包括：在一定的生产环境下，对新产品、新技术进行可行性研究的中间试验；消化吸收国内外引进的技术，改进现有产品和技术并进行创新；转移、开发和利用新技术、新成果，科学、系统地总结群众（专业户、示范户）的经验；将单项技术成果进行组装配套、综合运用等。

（七）农业推广

农业推广是运用农学和行为学的科学原理，通过开展教育、咨询和服务等工作方式，采用试点、示范、培训等方法，将农业生产过程中各方面的新技术、新技能、新知识与信息传递给农民，使他们愿意对自己的行为做出相应的转变，进而让他们的生产条件、生活环境得到改善，让他们的收入和自主决策能力得到提升，融科技、教育、管理于一体的一种社会性、系统性及综合性的专业化开发活动。

需要说明的是，农业推广的含义是随着时空的变化而改变的，因此，在人类历史上的不同社会阶段，不同国家的农业推广有不同的含义。

（八）农业科技成果转化的形态

农业科技研究是脱离农业物质生产而发展起来的一个独立的产业。农业科技成果是农业科研劳动者使用一定劳动手段对自然和物质世界进行探索改造的结果。它起源于农业生产，并始终为之服务，是一种用于推动农业生产发展的知识形态的产品。以农业科技成果的内在特征及外部特征为依据，可以将其转化分为两种途径：一种是利用商品化的方式，进入流通领域并流入生产领域；另一种是利用非商品化、非流通形式进入生产领域。因此，农业科技成果可以向下面几种形态进行转化：

1. 物化产品

这类产品是有形的，是农业生产中需求的“硬件”，可以形成商品。比如，种子、农药、化肥、地膜、食用菌、药材、畜禽、苗木等，采取适当的交换方式，这类农业科技成果可以全部或部分地收回研制成本。有些成果还能创造较高的利润。比如，河北省农科院将研制的罐头玉米笋的技术转让给保定罐头厂，一次获取转让费 8 万元。通过建立“冀棉 11 号”棉花良种和“冀油 4 号”花生良种基地，并提供技术指导，分别获得成果使用费和服务费 1 万多元。

2. 技术性产品

该类成果以非物化的信息形态存在、传播和被使用，包括抗旱技术、栽培管理技术、生态技术等，多以技术承包、技术入股、联产技术服务和组建技术产业公司等方式获得经济收入。

3. 技巧和技能

这类技术既难物化，又不易信息化，常常是“只能意会，难以言传”，需要技术拥有者亲自教授，使用者用心体会才能掌握，一般为经验丰富的技术干部和人员所特有，如果树修剪、看苗施肥等技术。这类成果需要供需双方在建立真挚感情的基础上，结合系列化服务完成转化，一般伴随技术性产品的成果转化。

4. 服务性的知识产品

这类产品如土壤区划、开发方案、杂草区系、农村规划等，既非物化产品，又非信息性产品，虽然能够为农业生产科研服务，具有价值和使用价值，但因没有商品性的交换价值，不能商品化，更不能形成技术市场。这类成果的转化需要国家或地区的政府部门组织实施，其受益者是一定区域内的广大民众。转化的效果主要表现在社会效益和社会进步上。

5. 应用基础研究

这类如生理机制和指标、科学方法、规律性研究等成果，性质与服务性的知识产品相同，只不过其直接面向科学研究。

随着我国社会主义市场经济的不断发展，技术市场的逐步完善，科技成果商品化的领域会不断拓宽，技术无偿转移或转化的比例会越来越小，有偿转移或转化的比例会大大增加。通过引入竞争机制，可以促进科技体制的改革深入，加速农业科学技术发展，研制出“适销对路”的科技成果。我们要努力提高全民族的科学文化素质，逐步建立科技与经济有效结合的良好运行机制，加速科技成果向生产领域的转化，从而推动我国社会主义经济建设的发展。

第二节　科技特派员制度的影响因素

一、政策与体制

（一）政策

“一靠政策、二靠科技、三靠投资”，这是农业发展的普遍共识与结论。这充分表明“政策、科技和投资”已成为农业产出增长的三大基本因素，并对政策在激发和调动农民生产积极性、增加农民收入等方面的主要作用进行了肯定。技术进步与生产要素投入的增加确实会导致生产效率的提高，但是这些都需要在一定的制度安排和政策背景下才能实现。

政策决定着发展的走向，适宜的宏观政策将有助于我国科技特派员制度的实行。科技特派员工作的顺利进行，除了要有一个很好的科学技术政策外，还要有与之相适应的人员、财务、教育、金融、扶贫等配套政策。只有拥有一个良好的政策环境，科技特派员制度才能对扶贫和农村发展产生积极的可持续的影响。

科技特派员们一致认为，要建立科技特派员制度的长效运行机制，必须强化以下政策和措施：

首先，最为关键的是科技政策与筹资、融资政策。从科技政策的角度来看，大部分科技特派员都期望国家能够加大对科技的宣传力度，对科技工作给予大力支持。在筹资融资方面，虽然国家对科技特派员提供了一些资助，但是能够获得项目资助的科技特派员不超过15%。与此同时，金融机构的信贷制度也一直制约着农业技术的推广。尽管农户们都很乐意接受科技特派员的服务，想要引进新品种和新方法，但是由于没有足够的资金支持，科技特派员在推广过程中也会遇到很大困难。

其次，在科技特派员的培养、继续教育、人员管理等方面，也亟待出台和完善相关政策。有一部分的科技特派员更加关注知识结构的更新和职称评定等问题。

此外，风险补偿、土地流转、税收政策、法治建设和扶贫政策也有待于进一步完善。

（二）体制

市场经济体制、农业管理体制、农技推广体制都是科技特派员制度的主要影响因素。

1. 市场经济体制

市场经济体制指的是以市场为导向，在生产、流通、分配和消费的每一个环节中，以市场机制为主导，政府部门将不再用行政命令对其直接干涉，而是通过相关政策对其进行规划和协调的一种经济制度。随着市场经济体制的不断完善，我国农业已逐渐走向市场化。科技特派员制度作为一种新的农村科技服务体系，它的运行方式也随之产生了重大变革。怎样才能掌握好市场经济的原则，按照市场的规则来行事，这是未来科技特派员制度能否顺利推行的关键所在。

农民是农业科技服务的主体，农业经济是客体。随着我国经济的快速发展，农业技术服务对象的主体和客体都发生了明显的变化。其主要特征有：第一，经济主体的独立性。企业和农户都具有自主决策、自主调节、自负盈亏、自主发展的特点。这种分散的经济决策相校于计划经济时代的被动式服务方式具有根本性变化。第二，以市场为导向的资源分配方式。农业技术服务已经转向具有较高经济效益和较好销路的农产品的生产上。第三，将经济关系货币化。农户的生产以货币收入为基础，而农户对农业技术服务是否接受也是以其是否能给农户带来较高的经济收入为主要标准。第四，技术面向市场。能否带来更高的经济收益也是农业技术服务是否被接受的重要标准。第五，经济行为的市场评价化。在农业生产中选择技术的衡量标准是其能否产生市场效益。第六，经营运行法治化。目前，我国的农业技术服务已从过去的以政府为主导转变为以农户为主体，构建了农户自主、以市场为导向、以制度为基础的法律规范。农户作为技术服务受体，依法享有是否接受服务和选择服务类型的权利，有权拒绝他们不需要或不欢迎的农业技术。

2. 农业管理体制

目前农业管理体制的弊端是一种全局性制约因素，对科技特派员制度试点工作有深远影响。比如，除了种植业、养殖业和乡镇企业等产中环节可以由农业部门进行管理之外，很多农业产前、产后环节也由其他部门进行管理。省、市、县三级涉农部门相互交叉、相互制约、相互影响等问题较为突出，农业、乡镇企业、开发办、农业科学院（所）、林业等涉农部门就有10多家。这样的农业管理体系对科技特派员制度的约束，主要体现为农业科技服务的分散性，导致了工作协调困难、信息资源难以共享、政府投入分散甚至重复建设等问题。

3. 农技推广体制

科技特派员制度可以打破传统农业推广技术体制的桎梏，赋予农业推广技术以新的生机和活力。但是，目前的科技特派员制度还处于起步阶段，政策、制度还不够健全，政府的要求与农户的意愿还不能实现相互匹配，因此，原有农业科技推广体制依然是农业科技推广的主导力量。所以，当前的农业科技推广体系是发展科技特派员制度的一个主要的影响因素。

二、利益与风险

（一）利益

1. 农民的利益

农民采用农业技术是一种经济行为，实现个人利益最大化的需求是引导这种行为的动机。因此，农民在采纳新技术之前，必定会考量新技术的使用成本及预期收益等方面的经济因素。技术引进费用是指农户引进一种技术后所增加的生产性费用，它包含了新的物资费用、劳务费和教育费等。一项新技术的推广应用所带来的效益包括社会效益和经济效益。农民通常比较看重的是经济效益，并以此作为是否采用该项技术的依据。

推动农民收入增长是科技特派员制度的根本目的，“农民是否接受、农民是否满意、农民是否欢迎”是衡量科技特派员制度是否成功的标准。通过对新疆维吾尔自治区的调查研究发现，99%的农民对农业技术人员的工作感到非常满意，91%的农民认为他们的种植和养殖技术得到了提高，86%的农民收入得到了提高；86% 的农民获得了更多的农产品，55% 的农民认为农产品的销路拓宽了，55% 的农民认为农产品质量得到了提升。很明显，科技特派员工作受到当地农民的青睐，最重要的原因就是给农民带来了实际的利益。

2. 科技特派员的利益

要想充分发挥和调动农业科研人员的积极性，就需要建立与之相适应的利益驱动机制。与任何一项经济活动一样，农业科研活动也必须追求经济效益。如果社会的产权制度规定每位科研人员都有专有权，并且对其进行有效的保护，那么，就可以减少因创新而带来的收益的不确定性，从而让科研人员获得最大的个人利益，激励科研人员不断创新。同样地，在创新技术的推广过程中也要利用利益驱动机制，构建一种将科技成果转化为实际生产力的传输机制，让科研人员能够更好地示范并推广科技成果。为此，首先，应采取有效的激励措施，激励科研人员以市场为导向，实施和调整科研活动计划。其次，根据市场需求，改革现有的科学技术成果评价体系。任何一项应用技术，都必须将其转变为实际的生产力，产生一定的经济效益后才能被认定为完整的技术成果，获得奖励。因此，引导科研人员选择课题时，要注重选题的可行性和经济效益。最后，要变革现行的收入分配体制，让科研人员以人力资本、产权、技术等多种形式参与二次分配，从而最大限度地激发科研人员的工作热情与创造力。当然，还要制定一套行之有效的监管机制，来确保这套体系能够正确执行。

值得一提的是，科研人员的职称和职务，既是他们能力和贡献的体现，又是激励他们创新的重要因素。因此，良好的职务、职称制度是科学、合理的用人机制的核心内容，是激励机制的重要组成部分。目前，不健全的职称评审和聘用体制，让许多人变得不思进取，也挫伤了许多积极奋斗、敢于开拓人员的积极性。

3. 农业企业的利益

企业是指在市场经济中，以营利为目的，通过生产将投入品（企业所购买的商品）转变为产品（企业所出售的商品）的一种经济单位。整个社会中最主要的经济活动就是企业生产经营活动。企业经营的根本目标是利润最大化，即生产成本的最小化（尽管在实际生活中，可能存在着销售量最大化、为社会谋利益等其他动力和目标，但是，利润最大化是企业最基础的动力和目标）。农产品贸易作为企业经营的一种，必然也与其他企业有着同样的生产目标。同时，大量的事实也表明：在市场经济环境中，只有以营利为中心的农业企业才能在激烈的市场竞争中存活和发展。

农业生产资料作为产品具有特殊性，其与农业技术之间存在着相互依赖的关系。因此，农业企业在对其产品进行营销的同时，还可以向农户们提供一定的技术服务（即技术推广），为农户们解决在使用该产品时遇到的各种技术问题，这样就能够将生产资料和农业技术很好地结合在一起，并将它们的效能充分地发挥出来，从而给农户带来更高的经济效益。这必然会激发农户对农产品的需求量，从而提高企业的销售量。此时，农业企业想要获取最大收益，就必须扩大生产规模，以期降低平均成本、产生规模经济效应，直到实现利润最大化。随着农业技术的推广和普及，企业加大农业技术推广力度和扩大农业生产规模的做法是相互影响、相互促进的，且在利益最大化的驱使下，形成了一种良性循环。所以说，在寻求利益最大化的过程中农业企业不可避免地要进行技术推广。

（二）风险

农技推广工作并非一件容易的事情，其实施过程中存在很大风险。受这些风险的影响，有些地区的农业生产受挫，有些地区的农业科技成果推广示范程度不够，有些地区甚至没有进行新科技的推广工作。如果没有一套能够有效地解决和避免这些问题的机制与措施，那么科技特派员农业科技推广工作的开展、科技成果的转化将受到很大的制约。

1. 市场风险

市场风险是指在农业科技推广过程中，农业生产经营者所生产的农产品能否成功销售出去，或者个别劳动力能否被转换成社会劳动，进而能否获得利润的不确定性。这是农业科技推广在市场经济中最大的风险。根据市场经济运行的基本规律，只要有市场经济的存在，就必然有市场风险。市场风险的最普遍的表现形式就是价格波动，而价格波动是市场经济的必然伴生物。一方面，物价的波动可以促进供需均衡，提高资源的有效配置，提高个体和整个社会的福利；另一方面，价格的波动也会导致市场经济的动荡，使得参与进来的各方随时都有可能因为价格的波动而遭受经济损失。在社会主义市场经济体制下，包括农业生产者在内的一切农业生产活动都必须通过市场来完成，在交易中也面临着亏损的风险 。

科技成果首先要投入市场，并经受住市场的考验，才能获得经济效益。企业将科技成果转化为新产品、新工艺，应用于企业生产，提升企业的经营收益，才能产生科技成果的经济价值。市场风险是因技术创新活动不能满足市场需要而产生的一种风险，这个风险主要有两个原因：一是技术接受者需要具备学习新技术的能力，并且对其远期目标有准确的预测，这将直接关系到成果转化的风险；二是消费者对新产品或新技术的认可程度，以及他们是否愿意付出一定的转化成本采用新产品、新技术等都具有较大的不确定性。

在农业市场化的进程中，市场信息是农业科技推广的重要依据。它包含了市场的供需和价格两个方面。通常，在市场信息的引导下，农户只会简单地按照“什么供不应求，什么价高利大，就种什么或养什么”的原则来选用相关的农业新技术。尽管市场可以实现资源的高效分配，但是也存在“陷阱”。原因在于：第一，市场信息是一种即时性信息，这些信息只反映了市场的性质，没有体现出对市场量的规定性，即没有体现出目前的供需缺口有多大，以及市场将来能够供给多少等。这就会导致当需求超过供给时，生产商就会蜂拥而至；当供应超过需求的时候，生产商就会大量减产。第二，在对生产周期较长的产品进行调控时，按照“蛛网理论”，当前农产品的需求因当前价格而变动，而当前产品的供给则是因上期价格而变动，即当前产品的高价会导致下一阶段产品的多供应。供应多了就会降价，供过于求引起的低价格又诱导再下个周期的少供给量，少供给量又导致价格上升，一直不断地循环下去。因此，农业企业往往会依据前期的市场行情来进行生产决策，从而出现了农业企业的阶段性“卖难”现象。在市场经济条件下，成千上万零散的市场主体，因为受到市场价、利润等因素的影响，彼此之间缺乏充分的信息沟通，因竞争而排斥或缺乏合作，最终陷入市场“陷阱”，出现“增产不增收，反而减收”的现象。这一问题的现实表现是结构趋同、资源浪费和农民受损。自20世纪80年代中期以来，我国农产品销售中时隐时现“卖难”问题，这对农户和企业都构成了一种潜在的市场风险。随着我们国家人民温饱问题的有效解决，人民生活水平得到了提高，人们对农产品的供给提出了品种多样化和品质优良化的需求。因此，如果农民继续生产质量低劣的农产品，就有可能卖不出去。在面临着既充满诱惑又潜藏着极大风险的市场时，作为风险承受能力极弱的农业生产者，非常想要运用最先进的农业科技来应对风险，但是又显得束手无策，常常陷入一种进退两难的困境。

2. 自然风险

自然险风是指在农业科技发展过程中，由于自然灾害而造成的农业生产损失。因为农业是人们直接利用太阳能、土地、气候等自然资源进行生产的一种物质生产行为，是自然再生产和经济再生产互相交织的产业。因为农业是以有生命的生物体作为生产和经营对象，因而其产品的脆损性高；同时农业中的种植面积大、空间分布广、生产周期长，受自然条件和自然环境约束很大，如水涝、干旱、冰雹、霜冻、多雨、低温、病虫害等自然灾害都会对农业生产造成损失，轻则减产减收、重则劳而无获。

自然风险对农业科学技术推广的影响很大。一个地区农作物耕作制度与品种结构都是根据当地的气候条件和资源条件而形成的，而且具有相对稳定性。农业科学技术推广必然会引进新的作物品种，实行新的耕作制度，打破原来较稳定的耕作制度和品种结构，可能会导致该地区农业种植抵御自然风险的能力减弱。

3. 技术风险

技术风险是指在开展农业科技活动过程中，因技术原因而造成损失的可能性。在农业科技推广中新作物和新品种具有较高的科技含量和较好的经济效益，但在推广和应用过程中，有时会因为科研人员缺乏全面系统的思考或科研条件的局限性而遇到一些风险。一是某些技术可能存在不完善性，如一些新技术的不良影响需在实际应用中不断改良。二是部分农业技术存在不确定性，如有的品种在栽培过程中，有时可以充分发挥自身的优势，达到优质、丰产的目的；有时又由于变异的作用而出现高产不优质或优质不高产，甚至既不优质又不高产的现象。三是一些栽培技术的不适应性，如有些品种在某些地区具有明显的高产优质优势，但在其他地区，由于光、热、气温、水分、土壤等条件的差异，不能正常生长。上述情形，在科研人员开展研究、试制、中试甚至小面积试验阶段都不会出现，只有在大规模推广和应用时才会出现。在农业科技推广过程中，无论出现哪一种情况，都将给农民带来损失。

总之，农业科技推广的风险不仅仅来自推广过程，各个环节相互影响、制约，共同决定着风险的产生。高科技农业发展本身存在着非常高的风险，在实际应用中可能需要更多投入才能得以发展；农业高科技从供给者手中转移到使用者手中的环节多，容易出现信息丢失和信息扭曲，从而产生信息不对称的风险；农业技术尤其是相当一部分生物技术，具有很强的地域性，高科技农业的发展要求农业高新技术打破地域局限广泛推广，由此便产生了新的风险。高新技术农业的高投入，不仅指研究本身需要大量投资，而且包含着因技术失败或科技产品缺乏市场而带来的高风险。农业科技成果转化成功率一般不到 50%，高新技术成果转化率更低，这就形成了市场风险。加上农民作为高新技术的主要需求者，收入水平长期得不到应有的提高，对风险的承受能力极低，农民的文化素质不高和市场经济观念仍较淡薄，使高科技农业的发展“险上加险”。也就是说，农业高科技从投入研究到推广应用是“险象环生”的过程。因此，了解风险产生过程对制订计划和采取措施防范风险的产生，以及应对风险有极其重要的意义。科技成果转化主体应对转化过程中的风险进行界定，充分考虑各方面的因素以确定风险状况。同时，应关注风险因素的变化，如在科研立项与研究开发阶段，应注重分析技术水平风险、投入风险等，在生产阶段应注重分析市场风险等。

三、知识与能力

科技特派员制度的各参与主体的知识水平与能力决定了试点工作的整体水平，其专业知识与能力主要包括有以下几个方面：

（一）科技特派员管理机构的能力

科技特派员管理机构自身的管理能力建设是全面开展科技特派员制度实施工作的重要环节。要强化对各级科技特派员管理者、技术人员以及农民的素质教育，将各类人才引入开发研究和企业发展中，提升各类人员的整体素质，强化人才引进，健全人才结构，首要的是加强科技特派员管理队伍的能力建设。

（二）科技特派员能力

科技特派员的能力与素质是科技特派员制度顺利实施的必要保障条件，也是推动和制约科技特派员制度发展的重要因素。当前，我国的农业还处在从传统农业向现代化农业转型的过渡时期。农民不但对先进的农业新技术有巨大需求，而且对及时准确的市场信息和便利的销售途径的需求更加迫切。现代化农业不仅对科技特派员农业生产技术提出了更高要求，还期待他们有很好的市场信息资源和管理运行能力，准确迅速了解市场的行情，具备很好的组织沟通和协作能力，以便能够帮助企业及农户抵御市场风险，增强市场竞争力。

当前，我国技特派员的素质还存在以下不足：一是科技特派员的知识结构不合理；二是已有知识陈旧老化，脱离产业和市场，有待更新；三是经营管理能力不足，缺乏对产业和市场的深度了解；四是科技特派员以农业技术见长，他们的法律知识和市场经营能力亟待加强。

在实际工作中，地方将多部门的工作人员集中起来，组建成一支由不同单位和不同层次的工作人员组成的松散的科技特派员队伍。这种方法在短期内加快了对农村科技推广力量的整合，但是从长期来看，队伍的不稳定性，必然会对农业科技推广的效率产生不利影响。

（三）农村劳动力素质

农民是科技应用的主体，他们接受新技术通常要经过认识、试用、评价和采用等多个环节，他们的科学文化素养直接决定了农业科技的应用情况。农民对农业科技的掌控和运用能力与他们的文化素养呈正相关性。根据世界银行的调查，在美国，劳动力受教育的平均时间增加 1 年，国内生产总值就会增长 9%。据河北省社会科学院的统计数据显示，将农民文化水平分为文盲、小学、初中和高中，观察其人均收入，发现高中水平较前三者分别高出

32.9%、30.3%、12.7%。

随着我国社会经济的发展，农民的整体文化素养虽然不断提升，但整体上还处于较低水平。近几年，尽管整体上农民素质得到了很大的改善，但从事农业工作的青年人数有所下降。由于农民的社会地位低、劳动强度大、收入低、居住环境恶劣，受比较利益的影响，很多有文化、有学识的年轻农民都涌进了城镇，转入了投资回报率较高的非农业产业。目前，我国部分农村地区的劳动力以留守妇女和老人为主。这使得在当前的农业生产中，劳动者对新技术的接受和使用能力较差，他们的科技需求意识也很淡薄，缺少对新技术进行学习和使用的自觉性和主动性，从而导致了农业技术推广的效率低下。

我国绝大部分农民只能进行简单、传统的农业生产，或只拥有一些传统的经验和技能，没有受过初级的专业技术培训，有的仅掌握初级或中级的技术，劳动者整体科学素质水平较低。不同学者在全国各地进行了抽样调查，结果表明：农民的经济收入与其所处地区的农业科技发展水平成正相关，农民的文化素质也与其所在地区农业科技发展水平成正相关。随着商品经济的发展，大量的农村青壮年劳动力被转移到第二、第三产业，导致我国农业劳动力素质降低。农民的文化程度直接影响着农民科技意识的形成。由于农民的文化素质较低，严重阻碍了他们对农业科技有效需求的形成，导致他们对科技商品的需求强度的降低。一方面，他们看不懂科技成果中的术语、概念及相关的技术手段、资料，无法理解，因此只能敬而远之；另一方面，有些农民在使用新科技成果时，对计量、配比、温度等条件缺乏准确认知，不能对这些因素进行严格控制，最终无法达到预期效果，甚至导致失败，挫伤了他们运用科技成果的积极性和动力。

（四）知识与信息的获取与交流

科技特派员在开展成果转化活动时所掌握的信息及对信息的传递，将会对转化效果产生直接影响。在信息社会，信息的传播和获取是经济发展中最重要环节。而在偏远地区，信息传递困难严重制约了农村经济的发展。这里主要包括两方面：一是在信息不完备的条件下，农民对新技术认识不足，无法准确估算新技术的投入与产出。其后果往往是，因高估边际成本或低估边际收益而使技术采用量减少。二是技术交易中的信息不对称使交易双方在置换过程中产生了逆向选择。信息不对称是指在市场交易中，某些参与方比另一方掌握更多的信息。如果销售者对于产品品质的了解程度高于购买者，就可能出现高质量货物被劣质货物排挤出去的现象，在技术市场上表现为技术含量较低的技术挤压了技术含量较高的技术。

第三章 科技特派员制度的典型模式与运行机制

第一节 科技特派员制度的典型模式

一、国内典型模式

（一）南平模式

1999年初，南平市委、市政府以农民需求为出发点，培养和吸引了大批高素质、高技能科技人才开展科技扶贫，推进农业向现代化迈进。科技特派员离开原单位进驻基层，与规模化农户结成利益共同体，开展技术咨询、示范、培训、合作等科技服务项目，通过以科研院所和高等院校为基础、以科技专员为核心的新型科技服务网络，建设当地农民和工人社区，促进农民合作，创建了一个积极的圈子，大力发展科学和技术。

南平市政府等相关部门首先对全市各级农业人才和产业情况进行了全面梳理，依据整合数据组建了760多个科技服务组。科技特派员下派实行双向选择，倡导主要选择“吸收科技能力较强”的农业大户，找准科技服务供需的结合点，实现科技与农业资源的有效配置。按照市场经济规律鼓励科技特派员与农户，以多种形式参股、培育、发展龙头企业，并与之结成利益共同体，充分发挥典型的示范、辐射、带动作用。

（二）宁夏模式

宁夏模式可以用三句话来概括：实施体制创新，注重金融推动；立足科技项目，突出科技创业；坚持市场导向，实行社会、政府和市场三线推进。

宁夏模式最大的创新是创办了我国首个金银铜“三卡”工程和科技创业基金会。

任何投资或创业行动都会遇到或多或少的金融“瓶颈”，科技特派员制度也是如此。基于科技特派员制度对资金的需求强烈，而且融资渠道狭窄等原因，平罗县科技特派员领导小组与农村信用社合作，在全国首推金融“三卡”贷款工程，贷款额为 6 万、8 万和 10 万元。该制度实施有着严格的程序，能确保资金及时、准确地投入使用。

随后，宁夏回族自治区成立了全国首个科委企业基金会，经费主要为公共基金、社会基金会和基金会的营业收入，该基金主要支持科学服务和创业领域的优秀、有贡献的科学委员和创业项目。

（三）浙江模式

有南平模式和宁夏模式作为参考，浙江省科技特派员制度试点的准备工作就比较充分了。2005 年至 2008 年底，浙江省试验区共实施科技项目 8381 项，成立利益团体 502 个，成立科研中心 186 个，建立基地 106 万个，培训农民 675.6 万人，建立科技示范大户 4 万多个，扩大农民就业 204.1 万人，大大增加了试点乡镇的农民收入。

这里简单介绍一下杭州和绍兴这两个代表性城市。

杭州市科技局以“政府主导，科技牵头，部门协作，科技特派员服务”的机制，构建了一种新型的团队服务模式：以科技特派员为载体，通过科技团队服务和电子信息化等方式，让各地区农业科技资源与重点产业、重点乡镇进行对接，实现科技与经济、农业的紧密结合，形成科技特派员与农民的利益联动机制。

绍兴市的运作模式和杭州市相似，但有所创新，可以概括为“三定三结合”的工作模式。首先，在工作框架方面，定产业、定团队、定目标。其次，在创新工作机制方面，努力做到“三个有效结合”：服务方式上，科技特派员团队与专家组结合；服务对象上，进驻乡镇与“结对乡镇”结合；服务手段上，刚性的科技示范基地建设与柔性的技术服务指导结合。最后，在工作部署方面，“分步推进、突出重点，拓展功能、多元化服务，突出特色、走差异化发展道路”。几年来，绍兴市不仅攻克了技术难题，解决了农户的急需，而且打响了自己的特色品牌，充分实现了科技特派员的团队服务价值。

（四）广东模式

从性质来看，广东科委也属于团队服务模式，其与南平、宁夏、浙江最大的区别在于服务领域不同，该省的科技特派员制度服务工业企业，这更说明了中国三大产业之间联系密切。

根据广东省科学技术厅出台的一系列管理办法的要求，企业科技特派员是指以广东工业发展需求为根本出发点，从国内外科研院所、高校中选拔的科技人员。所选人员将被下派到专业镇、高新区、民营科技园区等开展产学研结合工作。其重点任务有六个：一是摸清企业技术需求，共同制定技术发展规划；二是参与企业研发，提供技术支持；三是帮助企业开展产学研合作；四是搭建创新平台，提升企业自主创新能力；五是壮大企业研发团队；六是完善技术创新体系。另外，该管理办法对申报办法、工作方式、组织保障、考核奖励等作了详细规定。

二、对于国外典型模式的借鉴

美国、日本、荷兰等国家已经具有较成熟的农业技术推广模式，在提升农业发展水平、农民就业率、生产技术和收入水平等方面发挥了重要作用。这些国家的经验有助于解决我们科技特派员制度中的一些问题。当然，我们不能照搬其他国家的做法，而是要借鉴其中适合我国国情的方法并坚持因地制宜。

此外，按照制度演进的一般规律，任何制度的变革都存在很强的路径依赖，在实践中借鉴其他国家的成熟经验，首先必须确认是否具备基本的条件。

对于农技推广体系改革来说，至少要重点考量以下三方面的问题：一是是否有利于构建农业教育、科研、推广“三位一体”的推广体系；二是是否有利于提高农技推广人员工作的自主性；三是是否有利于降低制度改革的人事成本。我国的农技推广体系有很多借鉴国外经验的先例，如政府主导的农技推广机构市场化改革，大学主导的教育、科研、推广“三位一体”农技推广体系试点。但是，由于没有认真考虑一些基本条件，效果差强人意。相比之下，农业科技特派员体系在借鉴国外经验方面具备较好的基础，主要表现在以下三个方面：

1. 有利于构建教育、科研、推广“三位一体”的农业技术推广体系

构建教育、科研、推广“三位一体”的农业技术推广体系，是世界各国农业技术推广活动的核心经验。我国的农业院校、农业实验站、农业技术推广组织隶属于不同的行政机构，相互间形成有效协作机制的交易成本巨大，制度改革的路径依赖性很强，实现紧密结合的难度很大。相对而言，农业科技特派员制度打破了行政系统的制度障碍，将原本分属不同法系的农业技术人员转变为具有统一身份的科技特派员，为实现教育、科研、推广“三位一体”的农技推广体系奠定了基础（见图 3-1）。

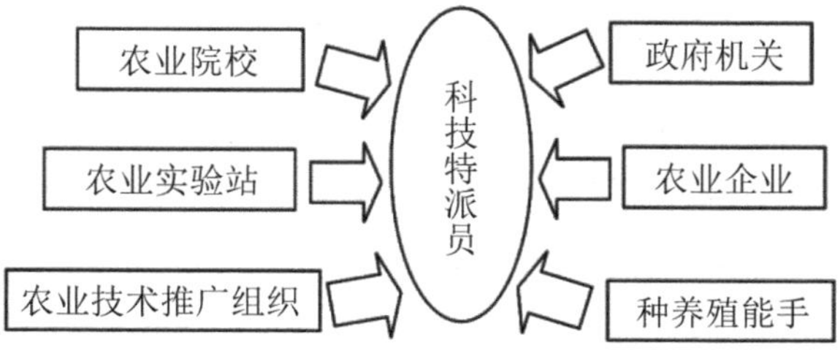

图 3-1　“三位一体”的农业技术推广体系

2. 有利于提高农技推广人员工作的自主性

最大限度地发挥农技推广人员工作的自主权是世界各地农业技术推广服务的常见做法。政府运营的农业科技咨询公司的典型特点是自上而下的工作模式，形成了主要对上级领导负责而不是主要对推广绩效负责的氛围；由于推广质量不容易考核，推广工作中往往注重数量不注重质量；对于上级做出的推广计划，不论是否适合当地情况都必须积极推进，对于上级不关注的农

业技术，即使是广大农民的需求也没有多大兴趣，一些基层农技推广站点还必须承担基层政府的行政工作，这些工作严重地占用了推广工作的时间。

事实上，一些农技推广人员原本就有自主开展农业技术服务的愿望，但由于体制机制的限制而未能如愿。不过，在特设科技体系建立之前，就有一些人已经活跃在这一领域，如现场提供农业技术的内蒙古冷食专家管惠民，1985 年他开始自主下乡开展农业技术服务。成为农业科技特派员后，他们在保留原有身份的基础上还获得了开展农业技术推广的自由身份，解除了后顾之忧，可以基于农民的需求开展农业技术服务，凭借自己的服务效果获得收益，对自己的服务质量负责。科技特派员制度极大地减少了行政系统对其推广工作的干扰，激发了农业技术推广人员的自主性。

3. 有利于降低制度改革的人事成本

对农业技术推广人员实行聘任制管理是世界各国农业技术推广工作的常见方式。即使是政府参与农业技术推广工作较多的日本，也在农协中对营农指导员实行聘任制管理。然而，在我国政府主导的农业技术推广体系中，人员实行编制管理，使得人成了农业技术推广体系中负担沉重的专用资产。部分推广机构冗员过多，一些不具备推广技能的人员也进入其中，农业技术推广经费被人头费挤占，实际工作经费很少，使得有自主开展推广服务意愿和能力的人受到体制束缚，改革存在很大的人事成本。

农业科技特派员制度在个人自愿的基础上实行双向选派：首先，实现了推广人员的选拔，保证了科技特派员的基本素质，当然今后还应当进一步严明科技特派员的选派标准；其次，实现了科技特派员的自由进出，提高了人员的流动性，降低了制度改革的人事成本；最后，为科技特派员加入农业合作组织或创办私人农业咨询服务机构扫清了制度障碍。

（一）借鉴美国经验，构建教育、科研、推广“三位一体”的农业科技特派员体系

1. 美国赠地大学主导的“三位一体”的农业技术推广体系

美国拥有世界上最发达的农业，农业科技成果推广率达到 80% 以上，农业科技对农业总产值的贡献率达到 75% 以上，这得益于美国以赠地大学为主

导，建立的教育、科研、推广“三位一体”的农业技术推广体系。

美国构建教育、科研、推广“三位一体”的农业技术推广体系的做法是：由州立大学农学院组建州推广中心（学院推广中心），依据区域生态环境特点和农业产业发展需要，设立区域农业试验站（研究与教育中心），并在各县设立县级推广站。州推广中心负责制订全州农业推广计划及经费预算并对州内区域农业试验站和县推广中心业务工作进行指导、监督和考核评估，区域农业试验站（研究与教育中心）根据生产需要，开展应用技术研究、技术示范和教育培训。县推广站直接面对当地社区民众开展农业技术指导、科技培训。

美国对农业技术推广人员实行聘任制管理，州推广中心主任由农学院院长兼任，其中既有全职推广研究员也有兼职推广教授。区域试验站（中心）负责人由农学院院长聘任，试验站（中心）向全国开放，可根据项目工作需要吸纳多学科人员驻站工作。县推广站负责人也由农学院院长聘任，工作人员为农学院推广中心的全职推广人员，其业务工作由学院推广中心指导和考评。

2. 农业科技特派员制度对美国经验的借鉴

我国应当借鉴美国“三位一体”的农业技术推广体系经验，充分利用农业科技特派员宽松的制度环境，发挥农业大学和农业科研机构在农业技术推广中的作用，构建新的农业技术推广决策和实施机制，打通农业技术从研发到应用的中间环节，完善农业科技推广网络，改变农业科技特派员单打独斗开展服务的局面，促进农业教学、科研、生产一体化，使科研适应生产需要，并能迅速转化为生产力。

在实践中，可以分层次选派农业科技特派员：从农业大学和科研院所选派农业科技特派研究员，设立农业科技特派员技术推广研发中心，负责农业推广技术的研究开发；从农业大学和科研院所选派农业科技特派指导员，设立农业科技特派员技术指导中心，对基层农业科技特派员开展技术解答、辅导和培训；从基层选派农业科技特派推广员，负责面向农民开展农业技术服务。此外，科技特派研究员和指导员既可以专任也可以兼任，让科技特派研究员和指导员参与到基层科技特派推广员的选派、考核和评价工作中，让基层科技特派推广员将一线的技术难题汇总到科技特派指导员和研究员手中，由其组织科学研究、开展教学培训和实行技术推广（见图3-2）。这样，可以通过推广实践及时发现农业生产中的关键问题并迅速开展研究，研究成果又可以迅速应用于生产实践，从而提高农业科技特派员的整体素质和实验室科研成果的推广效率，顺畅地完成农业科技成果向生产力的转化。

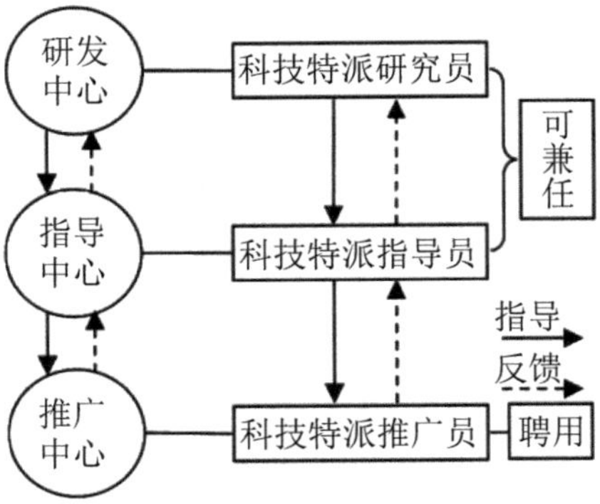

图3-2　农业科技特派员技术推广研发中心

（二）借鉴日本经验，通过农业合作组织增强农业科技特派员的影响力

1. 日本农协主导的民办营农指导体系

日本农业在一些方面实现了世界领先，2000年每公顷耕地就实现了1.58万美元的农业生产总值，水稻单产达到了6700千克/公顷，氮肥施用量却只有我国的1/3。日本农业取得这些成绩殊为不易，首先，日本农业受到自然禀赋的严重制约，土地贫瘠，经营规模普遍较小，农村劳动力老龄化问题突出；其次，日本的官办普及指导体系不断精兵简政，2004—2010年间，日本官方普及指导员由9332人下降到7755人，影响范围很难覆盖全体农民，是农协主导的营农指导体系强大的渗透作用帮助日本农业实现了较高的生产效率。

日本农协主导的民办营农指导体系的具体做法是：1947年颁布施行《农业协同组合法》，并据此建立了全国、县级和基层农业协同组织的三级体系，基层农协设立营农指导中心，有些农协还自办研究所、信息中心，农协对营农指导员实行雇用管理。从机构合作角度来看，科研机构和官办推广部门指导农协；从人员合作角度来看，官方的普及指导员和农协的营农指导员共同制订推广计划，协同开展推广服务。与政府机构“自上而下”的推广途径相比，农协遵循“自下而上”的运作途径，根据农民需要提供技术和服务。当前，日本全国有营农指导员近 2 万名，包括耕作指导员、蔬菜指导员、畜产指导员、果树指导员和农家经营指导员等。日本农户参加农协的比例达到 99% 以上，全国共有 500 多个农协为农业大户进行产前、产中、产后的有效服务。

2. 农业科技特派员制度对我国经验的借鉴

农业科技特派员制度应当借鉴日本农协主导的民办营农指导体系经验，在农技推广工作中与农民合作组织建立紧密的联系，构建利益共同体，增强服务影响力，与政府农技推广体系，农业科研机构，市场、金融机构以及农户等做好沟通，如图 3-3 所示。

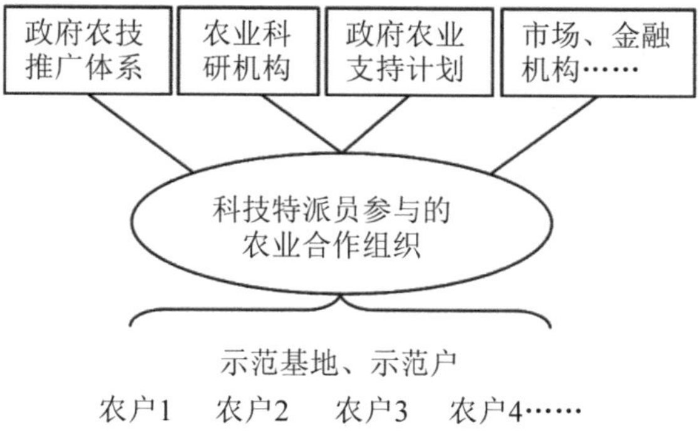

图 3-3　农业科技特派员制度

具体来说，在尚未建立农民合作组织的地区，农业科技特派员可以积极牵头组建农民合作组织，改变传统农业中农户小、散、弱的状况，帮助农户获得规模经济效益。在已经建立农民合作组织的地区，农业科技特派员可以作为技术顾问受雇于其中，发挥规范、引导和提升农民合作组织发展的作用。

“科技特派员 + 农业合作组织”的服务模式必将对农技推广工作起到巨大的推动作用：（1）科技特派员参与到农业合作组织的经营运作中，可以在技术服务中有效地掌握农民需求，提高农业合作组织的发展水平和农民的整体素质，提高农民会员与政府主导的农技推广体系和农业科研机构的沟通效率，从而减少政府主导的农技推广体系的人员供养数量，节约财政成本；（2）科技特派员受雇于农业合作组织，可以与农业合作组织和农户建立较为紧密的利益共同体，降低科技特派员工作的不稳定性，增进科技特派员与农民之间的信任关系；（3）可以提高科技特派员的推广工作效率，减少面向单个农户开展技术推广的工作量，使得面向农业合作组织全体会员开展技术试验和示范成为可能；（4）可以增强农民在农业技术推广活动中的话语权，降低小型农户接受新技术的风险和进行专用资产投资（如动植物新品种、新生产设施、设备）的初始成本，减少生产规模不足导致的专用资产浪费；（5）科技特派员可以以农业合作组织为平台，开展项目申报、项目研究和创新创业。

（三）借鉴荷兰经验，推动农业科技特派员创新创业

1. 荷兰私人农业咨询组织主导的技术密集型农技推广体系

荷兰面积415万平方千米，人口1674万，人口密度每平方千米400多人，是典型的人口多、面积小的国家。荷兰还是世界第二大农产品净出口国，仅次于美国。荷兰以其花卉和观赏植物而闻名于世，长期以来一直是世界上最大的鸡蛋（包括蛋制品）、啤酒、西红柿和奶酪净出口国，出口量占世界市场的60%以上，荷兰有能力创造举世闻名的农业奇迹，其私营农业推广组织发挥了关键作用。

荷兰农业技术推广的特点是充分发挥私营农业咨询组织（如专业咨询公司、生产设备公司技术部门等）的作用，多数的推广活动由私人咨询公司或者非政府组织进行。为保障组织受益，荷兰的私人农业咨询组织注重发展技术密集型农业和外向型农业，增加资金和技术投入，大力发展畜牧、蔬菜和园艺等高效农业。此外，荷兰私人农业咨询组织和非政府组织的推广经费来源主要有两个：一是与政府或者农会组织签订技术服务购买合同获得政府财政资金；二是向农民等服务对象直接收费或者间接收费，获得公平市场报酬。例如：兽医收取服务费属于直接收费方式，饲料公司在进行技术指导时出售相对高价的饲料属于间接收费方式。

2. 农业科技特派员制度对荷兰经验的借鉴

农业科技专员制度借鉴荷兰农业技术推广活动的经验，最大限度地发挥私营农业咨询机构的作用，提供整个农业和食品链的服务，鼓励科学创新、创业。技术推广解决了部分农业科技特派员创新创业活动切入点的问题，充

当了创业活动的门户，特别是鼓励适合开展创新、创业的农业专业人士（如育种、温室栽培、花卉、园艺等）积极参与。引导农民到适合的地区发展技术密集型和外向型农业，逐步减少不具备生产优势的土地密集型大田作物，使得单位土地生产率不断提高，农业生产逐步向专业化、产业化、集约化、设施化方向发展。

就科技特派员的服务模式而言，应该从单一型技术服务模式向集成型综合服务模式改变，不仅要做好技术指导、技术教学、技术示范等基本技术服务，还要在信息传递、物流仓储、购销服务、产品加工等农业全产业链提供附加服务（见图 3-4）。应该鼓励个人农业科技特派员积极创办领办私人农业咨询组织，注重将运作成熟的私人农业咨询组织选派为法人农业科技特派员，以团队的形式提供综合农业服务。应该鼓励科技特派员深入基层开展公益性农业技术推广活动，允许他们在公益性服务的基础上向服务对象提供有偿服务，鼓励政府通过订购、定向委托、招投标等方式从个人和法人农业科技特派员处获取农技推广服务。

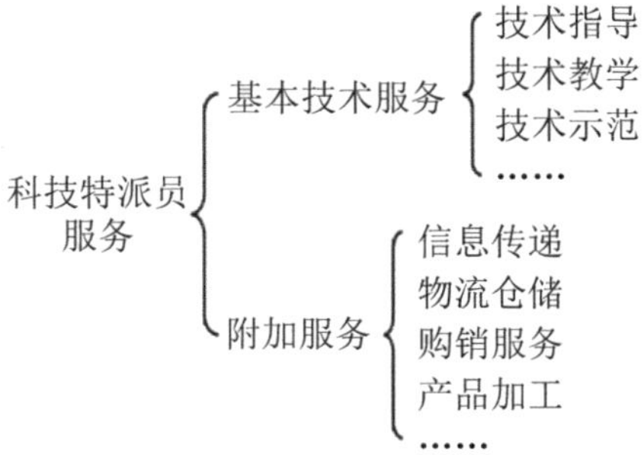

图 3-4　科技特派员服务

总之，农业科技特派员制度正在不断积极发展和完善，体制机制非常灵活，通过学习借鉴国外成熟的农业技术模式，我国农业科技特派员制度将不断走向完善，为培养新型农民、发展现代农业和建设新型农村提供支撑，同时推动我国公益性农技推广体系的改革。

第二节　科技特派员制度运行机制的影响因素

一、制度因素

健康完整的内部机制是组织存在和有效发挥功能的重要前提和保证。科技特派员制度的顺利实施有赖于内部各机制的有效运作和协调。概括起来，科技部门的运作机制包括以下几个方面：

（一）选派机制

第一，一般实行“双向选择”的选派原则，选准科技特派员与农村发展的最佳结合点。部分地区对本地区农业科技人员实行人才分类，根据技术专长确定选派方向，同时根据本地产业结构调整的需要和农民的实际需求，确定下派人选，将政府选派与基层需要相结合。通过对农民进行的科技特派员需求调查及各级科技特派员办公室的积极协调，实现科技人员与农业企业、大户的直接接触，双方在自愿充分磋商的基础上，达成契约服务关系。

第二，各地科技特派员的去向因地制宜，重点突出。各地根据产业的发展和农民的需求，合理安排科技特派员的派出地。有的按农业主导产业的产业带分布状况来安排，有的派向农业龙头企业的基地村，有的派向被确定为“重镇强村大户”的乡村，有的派向有发展途径而农民又急需科技的村，有的派向“乡官”所在的乡镇和“村官”所在的村，有的派向需要扶贫扶建的村，有的派向有在建、续建科技项目的村。科技特派员的下村服务期限，可根据实际需要确定，可下派一年，也可下派二至三年。

（二）激励机制

各地科技特派员制度的激励机制主要是物质激励与精神激励相结合。

在物质激励方面，鼓励科技特派员在帮助农民致富的同时，通过资金入股、技术参股、技术承包等多种形式，与农民群众、专业大户、种植大户、龙头企业等结成经济利益共同体，实行利益共享、风险共担，将科技特派员个人利益同农民收益挂起钩来，科技人员也从中得到合理的经济回报。

在精神激励方面，方式多种多样：广泛宣传科技特派员的事迹，使其获得较高的社会知名度，从而起到激励和带动的作用；把科技特派员派到能最大限度地发挥其个人专长的地方，为科技人才提供发挥自身作用、实现自我价值的广阔舞台；为科技特派员提供项目支持、学习培训的机会；对工作业绩突出的科技特派员给予表彰奖励，在职务、职称晋升方面给予优先权；等等。

（三）协调机制

科技特派员工作是一项长期、艰苦、庞大且复杂的系统工程，作为一个庞大的系统，跨部门、跨行业的协调机制特别重要。各地科技特派员工作一般是在科技特派员制度领导小组的领导下开展的，各级科技、农业、人事、财政等部门协调合作。科技部门主要负责科技特派员的日常工作，协调解决工作中出现的问题；人事部门主要负责制定对科技特派员的培训、考核、管理办法；农业部门、宣传部门等均为科技特派员系统的参与者，均在科技特派员工作中发挥着重要作用。

（四）保障机制

1. 待遇保障制度

在各地推行科技特派员制度过程中，对下派科技人员在编制、职务、工资、工龄、补贴等方面均采取了相应的保障措施。例如：科技特派员的职务（行政职务或专业技术职务）、待遇（工资、福利、奖金等）、编制在派驻期间由原单位给予保留，并保证正常的晋级、调资及职称评定；科技特派员派出期满或因故不能继续承担科技特派员工作，经各级特派员办公室批准可返回原单位等。

2. 资金保障机制

首先，各地一般通过争取各类农业科技项目和支农专项资金来扩大资金来源。其次，经济发达地区一般会设立科技特派员专项经费作为科技特派员工作或创业资金等，专项经费主要用于科技特派员项目示范与推广、科技特派员的日常管理、保障与奖励等。此外，个别地区还会由科技、金融等部门联合管理，以贴息贷款方式支持科技特派员的创业项目，吸引科技特派员投资。

总之，科技特派员制度的顺利实施有赖于各种机制的保障。选派机制保证把科技特派员派到最需要的地方；激励机制体现科技特派员制度的优势，可吸引更多的技术人员加入；协调机制保证在实施科技特派员制度的过程中，各个部门密切配合、形成合力，推动科技特派员这项制度顺利进行；保障机制减少了科技特派员的后顾之忧，使科技特派员制度真正成为农村技术服务市场建立的启动器和进一步发育的推动器。

二、技术因素

科技特派员制度的建立是为了解决传统农业技术推广体系无法满足农民寻求新技术、新成果的供需矛盾问题。因此，技术要素是科技特派员制度的核心要素，是其生命力所在。科技特派员主要通过以下几种方式开展科技服务：

（一）无偿技术服务

科技特派员将技术成果无偿提供给农民，帮助农民致富。在大多数情况下，通过技术培训，农户的收入都会有明显的提高，农户的收益意识增强。实际上，“无偿技术服务仍然处于以政府行为为主导的、传统的技术推广模式中”。

（二）有偿技术服务

科技特派员通过技术服务形式，与广大农民或农业企业合作，获得合法报酬。例如，新疆就通过科技特派员与专业户签订有关服务内容、定性和定量目标利益及风险方式的合同的方式来提供服务。如果达到合同的目标，农户就要支付给科技特派员相应的费用；如果没有达到合同目标，科技特派员将支付给农民一定的费用作为赔偿。

（三）技术承包

科技人员利用自身先进的技术以及经营组织管理能力，包括一定数量的资金，对企业、生产设施、技术开发项目等实行承包经营。在承包经营的过程中，科技特派员利用其经营的项目创造一个对农民进行实地技术培训的场所，在一定程度上会起到引导农民采用该技术的作用，并使农民在采用新技术的过程中，逐步接受技术人员的有偿技术服务。

（四）技术入股

技术人员以股份入股的形式同农民或企业结合，在这过程中，技术入股往往是技术人员以一定的资金投入为前提条件的。各地一般鼓励这种模式。例如，内蒙古自治区实行“凡经县级以上科委或部门评审（鉴定）的科技成果（按知识产权法有关规定，属个人成果），能进入生产领域推广运用并能为企业带来经济效益的专利技术均可入股，并从所产出的效益中取得报酬”的政策。

（五）创办技术性实体

科技特派员以合伙人或股份制等方式，出资创办或承包园区基地，引进新品种，采用新技术，对周边农民起示范带动作用。科技人员利用自己的技术和资金创办技术型的实体企业，在一定程度上，促进了技术向现实生产力的转化。在各地的实践中概括出两种类型的技术性实体：一种是较封闭型的，如承包农民的土地，以高新技术直接进行农产品的生产；另一种是比较开放型的，如服务型的实体企业或公司。

科学技术是第一生产力，我国农业落后的重要原因是农业科技较为落后，农民科学文化素质普遍不高，造成农业产品产量、质量不高，初级农产品无法实现深加工、形成产业链，进而无法实现规模经济效益，致使农民收入无法提高，农业结构无法实现重组。农村经济的繁荣有赖于科学技术的应用，而科技特派员制度满足了广大农民对科学技术的需求。以技术为核心，是这项制度的生命力所在，而科技特派员就是连接农业和科技相的桥梁。如果技术因素缺失，这项制度将会变成一纸空文，农村经济的发展将会走上一条更为艰难的道路。

三、组织因素

（一）从宏观视角出发归纳科技特派员制度的组织因素

社会中的组织分为公共组织与私人组织，介于公共组织与私人组织之间的是准公共组织。在科技特派员制度中发挥作用的公共组织是政府，发挥作用的私人组织是企业，而在科技特派员制度中发挥作用的准公共组织是各种农村合作经济组织。在科技特派员制度的实施中，这些组织承担着不同的组织职能。

政府在我国现行的行政体系中处于完全主导的地位，承担着政治、经济、文化和社会等方面事务的职能，因而是科技特派员工作的领导者、组织者、推动者，是最重要的组织力量。最早实行科技特派员制度的福建省南平市就是在政府的推动下开展该项制度的。当前，各地科技特派员制度均是在政府的推动下开展的。政府在科技特派员制度实施中主要发挥以下职能：首先，对科技特派员制度进行宏观战略规划和指导，积极组织协调、推进此项工作；其次，对科技特派员制度的运行进行有效的监督和调控，根据相关法律、法规引导和规范合作经济组织、中介机构以及科技特派员组织建立的利益共同体的经营行为。

科技特派员制度可以使农民掌握先进的技术，从而使农业产量增加，农产品质量提高。但如果农产品销路不畅，农民收入就不能提高，农业就得不到发展，这就需要有企业这类私人组织的参与。能够参与到农村科技服务体系中的涉农企业与一般意义上的涉农企业是有所区别的，一般是农业产业化龙头企业。这类龙头企业与农民有着密切的经济利益联系，具有较强的带动农户及农业生产基地的能力，能够延展农产品销售的空间和时间，可以为农民和农业生产提供系列服务，并通过其自身的经济活动引导农业生产。一方面，解决了企业在生产过程中原料不足或原料等级不合格的问题；另一方面，解决了农民盲目种植、产品积压销售难的问题。科技特派员制度通过架起龙头企业与农户之间的桥梁，实现了农业生产专业化，实现了农业生产的规模效应，延伸了农业生产的产业链条，有利于增加农民收入，提高农民的素质及生产积极性，最终达到农户与企业双赢目的。

在科技特派员制度中不可或缺的一类组织是农村合作经济组织，它把分散的农户有效地组织起来。科技特派员可以为农村合作经济组织提供技术支持，然后通过农村合作经济组织把技术推广到更多农民手中。农村合作经济组织可以带动农民和农产品进入市场，实现农业的一体化经营和企业化管理，提高农民在市场和消费者面前的议价能力，给农民带来更多利益和实惠。农村合作经济组织的组织职能主要有五种：一是服务职能，给农民提供技术和信息服务；二是纽带职能，成为农民与政府、企业联结的纽带；三是保护职能，保护农民的利益不受损；四是教育职能，提高农民的文化素质和技术水平；五是示范职能，树立一批典型，吸引更多的农民加入进来。

从宏观视角出发，影响科技特派员制度的组织因素主要包括政府、企业、农村合作经济组织。政府利用其作为公共组织的权威成为科技特派员制度的主要发起者，在行使其组织职能时从宏观上指导科技特派员制度的实施；企业作为营利性的私人组织、市场中最活跃的组织因素，把农民与市场联系起来，使农产品具有了交换价值，进而实现了农民的增收；农村合作经济组织利用其组织优势，使分散的农民集合起来，成为一个集体，降低了农业技术推广的成本和谈判、信息的成本，使农业实现产业化，进而实现规模效益。所以从宏观视角看，组织因素在科技特派员制度中起重要作用。

（二）从微观视角看科技特派员制度的组织因素

科技特派员制度中的各类参与组织自成体系，组成了供体系统、受体系统、中介系统三大系统。

首先，供体系统根据发展过程可分为三个等级：第一级为规模相对较小、层次相对较低的个体科技特派员，一般为基层科技干部及涉农系统的技术人员；第二级为规模相对扩大、层次相对较高的一些大专院校及科研院所；第三级为发展较为成熟、作用更为突出的与大专院校及科研院所内在融合且符合现代企业制度的各类科技特派员组织。

其次，受体系统也可分三个等级：第一级为规模较小但科技意识相对超前的农村人才；第二级为综合素质较高、规模较大的一些农民经济组织（或企业）；第三级为广大农民。

最后，中介系统主要包含三个方面，即政府、社会以及市场。这三个方面交互影响共同作用于科技特派员的供体、受体两大系统。

从微观视角看，科技特派员制度的供体系统、受体系统、中介系统在新农村建设的形势下，随着市场经济的发展、国家相关科技政策的出台、科技特派员制度本身的逐步完善必将发生相应变化，这种变化使供体系统、受体系统、中介系统中的各级组织不断地趋于完善，有利于该制度更好地满足农村对科技的需求，从而使该制度更有效地向全国推广。所以从微观视角看，组织因素在科技特派员制度中起了重要的作用。

科技特派员制度以满足农民对技术的需求为根本出发点，技术因素是科技特派员制度的核心因素。失去技术的依托，科技特派员制度将不复存在。从宏观视角看，科技特派员制度实施中起主要作用的组织因素是政府、企业和农村合作经济组织。从微观视角看，科技特派员制度中的组织构成了供体系统、受体系统、中介系统，随着社会经济的发展，三个系统中的各级组织将会不断地加以完善，发挥出更大的作用。制度的科学设计及运作也是科技特派员制度有效运行的重要因素，只有各种机制有效运行，科技特派员制度才能顺利实施。所以，制度、技术、组织这个三因素支撑着整个科技特派员制度体系，并将决定其发展趋势。

第三节　科技特派员制度的运行机制

一、基本概念

（一）运行机制

“机制”一词来源于机械学，其本意为机器的构造方式和工作原理，生物学和医学借用来研究生命有机体的功能，是指有机体的内在固有的工作方式和运转方式。按照系统论的观点，机制是指一个系统中各要素之间相互作用、合理制约，从而使系统整体良性循环健康发展的规则、程序和机械的总和。

从控制论角度看，机制是系统通过反馈控制，自行调节外部干扰、内部起伏涨落以保持系统平衡稳定有序的机能。

在经济学和管理学中，机制则用来描述经济或管理中系统内各子系统、各要素之间相互作用、相互联系、相互制约的形式和运动原理以及内在的工作方式。它通过微观层次运动的控制、引导和激励来使系统微观层次的相互作用转化为宏观的定向运动。机制的概念可以从以下几个方面来理解：

（1）机制客观存在于一定的系统中，它反映事物内在的、本质的作用方式和规律，是系统中各组成部分之间相互作用的动态关系。

（2）机制按照一定的规律自发地发生作用，并导致一定的结果。

（3）机制运行中功能的发挥依赖于系统中相互联系的构成要素之间的相互作用。

运行机制是一定系统所具有的、使系统整体保持正常运行所需要的各种功能的组合，以及构成系统各因素、各环节、各层次之间错综复杂制约关系的总称。

（二）科技特派员制度运行机制

科技特派员制度运行机制是科技特派员制度所具有的，使系统整体保持正常运行所需要的各种功能的组合、联动和循环，使科技特派员制度各相关主体之间相互联系、相互制约、相互作用的运行方式，是推动科技特派员制度沿着正确的轨道健康运行并不断向前发展的方式或原理。

从系统学的观点看，科技特派员制度运行机制实质是若干基本功能的组合、联动和统一，包括以下五种基本功能：

（1）整合功能。把科技特派员制度各相关要素连接和综合起来，使之成为一个有机的整体。科技特派员制度是一个系统工程，需要政府、科研单位、科技人员、农户、农业企业等多方面的协调配合，并需要政策、法律、资金、信息、市场、人才等多重因素的共同作用。

（2）动力功能。为科技特派员制度的运行提供所需动力。科技特派员制度运行的动力主要是利益驱动机制，在市场经济条件下，按照市场经济规律运作，兼顾各主体的经济利益和社会利益。

（3）定向功能。使科技特派员制度按既定的目标方向运行。

（4）调控功能。当科技特派员制度的运行出现偏差时，能够予以调控并使之恢复正常。调控功能是系统的基本功能之一，通过约束与协调机制等来实现。

（5）发展功能。在保障科技特派员制度正常运行的同时促进其发展。科技特派员制度是开放的系统，与外界环境之间进行着不断的能量交流，系统内部各部分与外界环境有一个不断适应的过程。随着外界环境的变化，该系统也会通过改进各方面的机制不断进行完善。

二、科技特派员制度运行机制构建

（一）科技特派员制度运行机制构建的原则

1. 政府引导原则

现行的科技特派员制度仍然是在政府为主导的体制下运行的，虽然在一定时期内取得了一定的成效，但随着科技特派员制度的不断完善和成熟，过多的政府行为反而会增加不必要的制度成本，从而制约科技特派员制度的长期运行。因此，应转变政府角色，通过政策优惠、资金扶持等措施，弱化政府在科技特派员制度中的主导地位，发挥引导作用，引导科技特派员制度向良性方向发展。

2. 市场主导原则

充分发挥市场机制在科技资源配置中的作用，按照市场经济规律解决科技成果与农民的结合问题，鼓励科技人员以资金入股、技术入股、技术承包、有偿服务等形式，与农民、农业企业结成“风险共担、利益共享”的利益共同体。

3. 以人为本原则

科技特派员制度应围绕农民运行，通过了解农民实际需求，引导农民自愿进行技术革新，帮助农民解决生产、经营中的问题，从而提高农民素质和农业经营的效益。在利益共同体的建设中，要以农民受益为根本前提，在农民获得利益的基础上，科技特派员可获得合理的报酬。

4. 竞争优化原则

在科技特派员制度运行中逐步引入竞争机制，包括公平竞争、优胜劣汰等，通过竞争机制使科技特派员提高自身素质、创新服务模式，从而提高服务质量，提升科技特派员制度的整体效率。

（二）科技特派员制度运行机制构建

根据科技特派员制度运行机制的构建原则，要建立宏观调控机制、供求均衡机制、人才流动机制、利益驱动机制、风险防范与补偿机制、信息传递机制等六个机制。其中，宏观调控机制是总协调机制，供求均衡机制是基础，人才流动机制是生机，利益驱动机制是核心，风险防范与补偿机制是保障，信息传递机制是纽带。只有这六个主要机制相互协调、相互配合，才能促进科技特派员制度长效运行。

1. 宏观调控机制

宏观调控机制是通过政府的引导和推动来保证科技特派员制度稳步、深入发展，具体包括以下内容：

第一，宏观战略规划的指导。各级政府应该将科技特派员制度的目标任务纳入本地区经济社会发展计划，积极组织协调和推进这项工作。政府在制定科技特派员制度工作计划时要采取协调配合的机制，即按照农业和农村经济发展的不同主体、不同行业、不同领域、不同阶段、不同目标分别制定相应的阶段目标和规划，使参与科技特派员制度的各类主体进行分工和定位。

第二，联合协作运行的组织保障。要加强相关部门的联合，由科技部门牵头，与人事部门、财政部门、农业部门、林业部门、金融部门等共同成立科技特派员工作协调领导办公室，在人事、资金、土地、税收、福利等方面政策联合制定和实施有利于建立科技特派员制度长效运行机制的政策、措施等。

第三，动态考核、监督与控制。政府要对科技特派员制度的运行进行有效的监督和调控，通过建立和完善选拔、考核、评价、监督制度，提高科技特派员工作绩效，严格把好科技特派员制度的“准入关”和“退出关”。根据相关法律、法规（2006 年颁布、2007 年修订的《中华人民共和国农民专业合作社法》）引导和规范合作经济组织、中介机构以及科技特派员组织建立的利益共同体的经营行为，降低农业科技成果转化推广的风险和交易成本，提高农业科技成果转化的效率和农产品的商品化率。

2. 供求均衡机制

技术推动——市场拉动综合作用原理明确地把技术发明和市场需求比作一把剪刀，他们之间相互依赖、相互作用的力量构成了技术创新的基本动力。技术供给与技术需求之间必须实现均衡，否则，技术的使用价值无法得到实现，经济发展的科技需求也无法得到满足。

农业科技成果转化、推广过程是一项庞大的系统工程，涉及诸多部门、领域，受经济环境、社会环境、自然环境影响较大。因此，农业科技成果的转化、推广受到经济、社会、自然等诸多宏观因素的制约。由于农业科技成果转化、推广的微观和宏观因素的制约，农业科技成果转化运行机制存在着不完善的方面，导致在目前农业科技成果转化、推广过程中矛盾和障碍重重。

可以看出，目前农业科技体制改革与农村经济体制改革的不协调，导致了农业科技成果的供给与需求出现错位、缺口或矛盾，具体表现在科技成果、服务及相关人员的数量、质量、知识结构、时间、空间甚至有偿服务（价格）等方面。由于农业科技中介机构发展尚不规范且相对滞后，目前农业科技成果的供给与需求难以实现均衡。

因此，建立科技特派员制度的市场供求均衡机制有两个重要方面：一是从科技需求出发，建立市场需求导向机制，使科技特派员所提供的科技成果及服务建立在市场需求的基础上，实现农业科技成果供给结构与需求结构的协调一致；二是引入有偿服务机制，通过市场规律进行农业科技成果的有偿交换，实现农业科技成果供给数量和需求数量的协调一致。

此外，供求均衡机制还要实现农村科技人才需求与供给的均衡。随着农村产业结构的调整和农业产业的进一步升级，科技人才在农村发展中的作用越来越显著。目前，科技特派员的数量、专业素质还不能满足农村科技发展的需求，要以满足农村、企业、农民的实际需求为出发点，使选派的科技特派员的数量和专业结构建立在农村需求的基础上，实现科技特派员供给结构和农村发展需求结构的均衡。同时要以利益为纽带，在保证农民增收的前提下，实现科技特派员的价值取向，通过创建利益共同体，借助市场机制实现“双赢”，吸引优秀的科技人才服务农村，实现科技特派员供给数量和农村需求数量的均衡。

3. 人才流动机制

首先，要进一步深化农业科研单位和农技推广单位的人事管理体制改革，变静态管理为动态管理，建立与市场经济相适应的双向选择的用人与管理机制。不仅要根据科技特派员制度工作需要来优选和淘汰科技人才，也要使科技人才可以自主选择更能充分发挥自己聪明才智的行业、农户、农业企业作为服务对象。必须有效控制人才流动的方向，要有合理机制推动，并利用经济杠杆，制定合理倾斜的分配政策，建立聘任制、淘汰制、竞争准入机制，并在工作、住房、职称等方面提供较优厚的条件，以促使人才向急需的领域、产业和地区流动。

其次，要建立与事业单位人事制度改革相结合的人才流动机制，使科技特派员制度为科技人才流动提供良好的平台。根据科技特派员来源、岗位工作性质的不同，实施分类管理，实行专职与兼职相结合的用人办法，通过“以人为本、价值取向、人才共享”的用人方式，制定和实施配套的优惠政策，鼓励和支持事业单位的人才向农村流动，发挥专业特长，深入农村开展科技特派员创业行动，从而促进人才资源配置的市场化、社会化，最终形成一支能够自愿、长期、稳定、深入、扎实在农村基层服务或创业的高素质、综合型的科技特派员团队。

最后，要加强自律和自我约束，提高科技特派员的组织管理水平，成立自下而上的科技特派员协会。根据各地区自然资源优势和主导产业发展的客观需要，同一领域、同一产业、同一专业的科技特派员可以建立科技特派员专业协会，实现优势互补、互通有无、信息共享、联合攻关。

4. 利益驱动机制

任何系统的运转都需要动力，没有动力的推动，系统难以运转。法国社会心理学家勒温用以下公式表示行为的一般规律：

$$B=F(P, E)$$

其中，B 是行为，P 为主体变量，E 为环境变量。上式表示，任何行为的产生都是行为主体因素与外界环境因素相互作用的结果。现代行为科学理论认为，产生行为的直接原因是动机，而动机是受需要制约的。需要是主体对某些目标的渴求或欲望，是产生动机的基础和根源。动机产生的第二个原因是外界环境刺激，动机在环境因素的激发下得到强化，驱动行为的产生，指导人们做出相应的行为选择，使活动朝着特定的方向进行，以达到预期的目标。这就是行为产生的一般机理。

根据马斯洛的需要层次理论，人有五个层次的需要：一是生理需要，即对衣食住行等方面的生理需要。二是安全需要，即保护自己免受身体和情感伤害的需要。三是社会需要，包括友谊、爱情、归属及接纳方面的需要。四是尊重需要，包括内部尊重和外部尊重。其中，内部尊重包括自尊、自主和成就感，外部尊重包括地位、认可和关注等。五是自我实现的需要，即成长与发展、发挥自身潜能、实现理想的需要。当一种需要得到满足后，另一种更高层次的需要就会占据主导地位，个体的需要是逐层上升的。

科技特派员制度动力包括内部动力和外部动力两部分，内部动力来源于系统主体对潜在的物质利益的追求和非物质利益的向往，外部动力来源于市场和政府政策对科技特派员、农户等相关主体的推动。科技特派员制度通过政策引导、利益驱动等方式，激励有一定专长的科技人员与涉农企业、农民结成利益共同体。其中，利益驱动机制是科技特派员制度运行中最主要的动力机制。

利益驱动机制对科技特派员的作用主要体现在：一是通过鼓励科技人员以资金入股、技术参股、技术承包、有偿服务等形式，与农民群众，尤其是专业大户、龙头企业结成经济利益共同体或创办技术性实体，风险共担、利益共享，形成农业科技推广的多元化的投入和回报机制，增强科技特派员制度的内在动力；二是通过提供优惠政策、增加投入、改善工作环境，满足科技特派员不断进取、事业成功的需要；三是通过晋升职称、提级加薪、外派进修学习等，满足其追求个人自我价值的需要；四是通过颁证奖励、宣传表彰、荣誉赠予等，满足其提高社会地位的心理需要。

利益驱动机制对涉农企业的作用主要体现在：一是企业可从高校、科研院所、农技部门等单位获得持续的人力资本、知识、技术、信息资源，降低研发风险，缩短研发时间，抓住市场机遇，获得更多利润；二是通过科技特派员提高合作农户的科技素质，提高农产品的质量，保证企业稳定的原料来源；三是提高对外部资源的有效利用能力，在企业自身核心能力的基础上，最终形成企业的综合优势，提高企业的综合竞争力与经济效益。

利益驱动机制对农民的作用主要体现在：一是通过科技特派员提供的适合农民需求的技术，提高农民的经济收益；二是通过科技特派员的培训提高农民的科技文化素质和掌握运用先进实用技术的能力，提高农民采用先进技术的意识；三是通过“利益共享、风险共担”的农民合作组织，提高农民的组织化程度。

只有建立合理公平的利益驱动机制，才能调动科技特派员长期在农村从事科技成果转化推广服务或创业的积极性，才能更好地维护农民的利益，才能将科技特派员的利益与农民的利益紧密结合在一起。

5. 风险防范与补偿机制

农业科技成果的转化应用不可避免地会面临三种风险：自然风险、技术风险和市场风险，其中技术风险比自然风险和市场风险更容易预防和降低。防范和降低技术风险的有效途径包括事前预防（提高科技成果的成熟度）和事后补偿（建立技术风险补偿基金）。科技成果转化推广、服务是科技特派员制度的载体，科技特派员可以通过试验、示范进一步改进和完善科技成果，提高成熟度，从而将技术风险降到最低。即使科技成果已经成熟，也仍然会由于种种不可确定的因素出现其他风险，给农民和科技特派员带来经济损失。因此，必须建立科技特派员风险防范与补偿机制，由政府、保险机构、科技特派员、农业企业、农户、农民合作经济组织或协会、中介机构等共同筹集资金建立的科技特派员制度风险防范与补偿基金，分解和化解科技特派员创业和服务过程中出现的自然风险、技术风险和市场风险。

首先，政府的积极扶持对于风险投资的发展是极其重要的，特别是在科技特派员制度实施的初期，这种扶持就更是必不可少的。目前，社会上有许多庞大的闲散资金在寻找出路，应当广泛地吸收这些社会闲散资金建立风险投资基金，为之提供政策性引导，建立相应的制度与法规，鼓励对有市场前景的科技成果向生产转化的项目进行风险投资，为转化的顺利进行提供保证。

要想方设法吸引多渠道投资，形成多元投资主体，兼容多种发展模式。要改变政府主导和包揽一切的工作模式，就要把政府的工作重点放在为科技特派员制度风险投资创造良好的外部环境上，并建立完善的市场经济秩序，保证科技特派员制度风险投资按市场机制和经济规律来发展。

政府支持不仅包括制定优惠政策，如赋予优惠的税收政策；还包括财政支持，如对风险资本投资提供政策性补助、提供银行贷款担保等多种形式，鼓励风险投资活动。

其次，政府要完善有关的法律法规，加快制定有关技术转让、技术入股、无形资产评估等方面的法规，形成以知识产权保护为核心的具有操作性的法规体系，加大保护知识产权的执法力度，维护科技产品提供者、风险投资家和风险企业的合法权益。

6. 信息传递机制

信息是经过加工整理后的数据，它能对接收者的行为产生影响，对接收者的决策具有价值。信息传递指信息传递者自己或通过信息代理用一定的手段将信息送到特定的信息接收者手里，包括信息的发送处理、传输处理和接收处理等过程。科技特派员制度的运行需要各种形式的信息，从信息传递的角度看，科技特派员制度的运行过程就是信息的输入—转化—输出—再输入，即循环往复的信息综合、分析、处理的过程。本书所讲的信息传递是指有助于科技特派员制度中科技特派员管理部门、科技特派员、农民作出决策服务的信息实现其支持功能的过程。信息传递路径的繁简以及效率的高低，直接影响科技服务的效率。

针对目前农业科技成果转化推广过程中信息不对称、信息沟通不充分的问题，以及市场价格、农产品供求波动等市场信息不畅通的问题，要加快科技特派员制度的创业信息平台的建设，建立和完善科技特派员制度的信息传递机制，实现科技成果相关信息的及时、准确传递。

从信息传递的角度讲，科技特派员制度创业信息平台具有技术转移功能、技术传递功能、技术供求信息反馈功能和社会媒介功能等。科技特派员、农户、农业企业以及其他组织、机构通过信息平台进行传递和反馈，可以使科技成果的供给方确定、调整科研与开发选题方向和重点领域，提高科技成果水平，改进服务质量，使科技需求方及时获得科技成果和服务，从而使农业科技和农业生产形成一个相互促进的良性循环系统。一方面，收集、整理、加工、处理农业科技系统的科技成果数量、科技成果水平、科技成果类型、承担单位情况、科技成果简介、转化利用情况等信息。另一方面，收集、整理、加工、处理农业、农村经济与社会发展科技需求状况，农户、农业企业科技需求状况，以及农产品市场变化趋势，等等。这个平台可以为科技成果的供给方和需求方创造沟通的机会，以信息流动带动成果的流动、资金的流动。

三、科技特派员制度与传统农业技术推广体系运行机制比较

（一）传统农业技术推广体系运行机制的特征

我国农业推广体系的组织形式应该划分为行政型，乡（镇）级以上的推广机构属于国家行政事业单位。农业技术推广的目标是促进农业科研成果和实用技术尽快应用于农业生产，保障农业的发展，实现农业现代化。这与我国社会经济发展的总方针是一致的。

农业技术推广的对象是全体农民。本书提到的农业技术推广机构是指国家在省、市、县、乡为推广农业、林业、畜牧、渔业、农机、水利和经营管理等技术而设立的全民事业单位，在政府行政部门的指导下工作。其中，县乡两级的农业技术推广部门直接面向农民提供服务。我国的农业技术推广体系在传统体制下形成了以行政命令为主要手段的行政主导型农业技术推广体系（如图 3-5、图 3-6 所示），目前整个农业技术推广体系仍然是计划经济体制下的模式。这种运行机制的核心是，围绕政府的农业发展目标（主要是增加大宗农产品的产量），自上而下层层组织技术推广工作。在这种机制下，推广机构考虑的首要问题是如何争取党政领导的支持，如何使上级满意，并处理好与财政、计划等有关部门的关系，把部门行为变为政府行为。在整个推广工作的过程中，推广机构主要对上级负责，而把推广工作的服务对象——农民放在次要的地位。

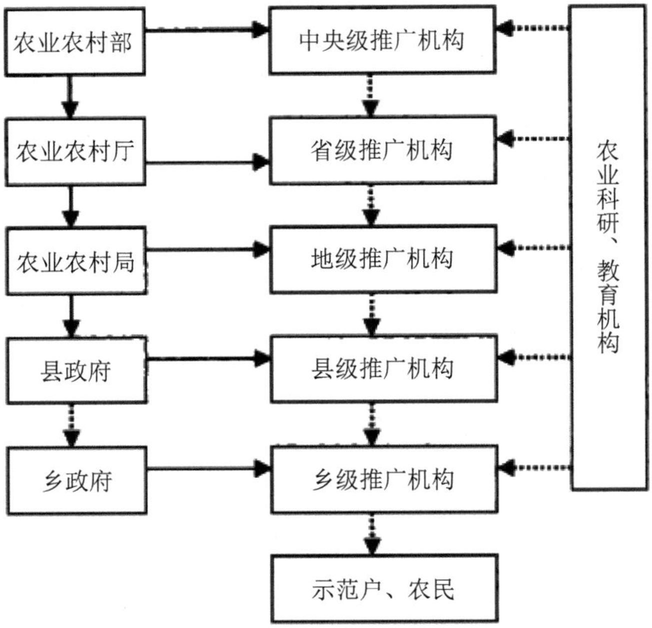

图 3-5　我国农业技术推广体系

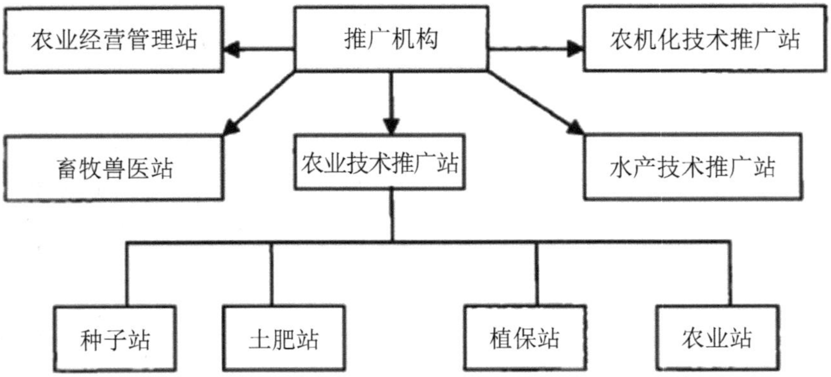

图 3-6　我国农业技术推广体系的专业结构

1. 注重技术推广，忽视农民素质教育

以政府为主导的农业技术推广组织一直在我国农业技术推广工作中发挥着主要作用。在计划经济体制下，推广部门的主要任务是推广高产技术和完成政府的农业宏观目标，推广的主要方式是行政干预。行政推广方式虽起过一定作用，但它也成为某些基层组织官员谋取政绩的工具，使农民利益受损。更值得注意的是，行政推广方式是一种片面的、强制性的推广手段，极易忽视对农民的教育工作。此外，对农业技术推广人员的考核主要看他所推广的技术在生产中的应用面积和经济效益，至于该技术是否提高了农民的素质一般不作为真正意义上的考核标准。因此，推广人员在对农民的教育中缺乏动力，而农民的知识水平并没有因为农业技术的推广得到相应的提高，这对进一步推广农业技术和发展农村经济极为不利。

2. 技术需求与技术供给相脱节

首先，农业技术各行为主体的目标不一致。长期以来，我国政府始终把农作物增产作为发展农业的首要目标，因此决定了作为技术供体的科研单位的科研活动也受制于这一目标，从而导致了科研人员缺乏对市场需求和农民实用技术需求的真实了解。同时，农业技术推广机构在制定推广政策与计划时，最先考虑的也是高产技术的选择与推广，这个事实为农业科技政策研究课题组的调查所证实。调查结果显示，有 81% 的农业技术推广人员与农业科研人员认为，农民生产上最需要的是高产技术（而非优质技术），比农民的实际需求（69%）高出 12 个百分点。

其次，信息传递效率低下。在相同专业不同层级的推广机构没有形成紧密联系，处于一种松散状态，仅仅传输数量不多的业务和技术方面信息。行政型的推广组织采取的是“集中决策”方式，信息是“自上而下”的单向传递。这种松散的机构设置不能形成统一的业务管理，不仅增加了信息传递的中间环节，还增加了部门间协调的压力。中间环节增多，运行路线加长，减缓了信息、指令的传递速度，使工作相对滞后，降低了系统的工作效率。

3. 缺乏有效的动力机制

从内部因素来讲，传统体制下的农业技术推广机构，注重的是“自上而下”行政指令的作用，即政府要求推广什么技术，推广人员就推广什么技术，农民也就相应地接受什么技术。它忽视了人在技术传播过程中所起的作用。推广人员一般无须担心自己所推广的技术能否被农民接受。所以，在传统体制下，推广人员不是农业技术推广体系中一个积极的、活跃的推广中介，而是贯彻实施政府指令的代表，其得到的报酬与其工作成果无直接关系。由此可见，在这种推广体系下的政府推广部门，缺乏完善的用人激励机制，再加上政府推广部门是事业编制，所以部分农技推广人员要么不安心本职工作，不愿留在基层工作，总想跳出“农门”；要么只是待着混日子，并不热衷于提高自身的业务水平，使得整个机构活力不足。

4. 缺乏有效的协调机制

农业科研、教育、推广缺乏有效的联系。研究人员责备推广系统“网破线断”，新技术很难应用到农民手中。

目前我国“三农”的管理体制在不同层次上有所不同，是一种“两头统、中间分”的格局。中央的“三农”虽然业务分属不同的单位管理，但基本上归属农业农村部领导；省、市级多数地方的“三农”分属科委、教委和农业农村厅行政部门三个体系，以协商的形式联合开展工作；而县级的“三农”要求在县农业行政部门的领导之下结合为一体，成为县农业技术推广中心。在管理体制上，过去虽然作了这么一种安排，但是“三农”一直呈现出“条块分割，各自为政”的局面。农业教育工作主要由农业教育部门来承担；农业科研工作主要由农业科研院所承担；农业技术推广工作主要是由行政型的农技推广部门来承担。即使“三农”在有些方面有所结合，也基本上是低水平的、松散的、相当随意的，导致各家自成体系，各自为政，削弱了“教育、科研、推广”三者相辅相成的整体功能，不能形成有效的协调，难以发挥整体优势。

各专业推广机构之间、各专业人员之间，以及各类型的推广组织之间缺乏有效的协调机制。农业技术推广体系本身应该是一个整体，农业市场化、农业产业化对农业技术推广体系各部门、各机构的要求是既要分工，又要合作。基层推广站的“三权”下放到乡镇政府后，不同乡镇推广站的横向协调失去了组织依托。

（二）科技特派员制度运行机制的特征

科技特派员制度建立了一种以农民为中心的、自上而下的运行机制，其有以下特点：

1. 以农民为中心开展技术服务

首先，根据农民的需求选择科技人员，使科技特派员的技术符合农村的需求。科技特派员推广的技术来自农民的需求，而这些技术与农民的农业生产发展和收入增长密切相关。其次，科技特派员根据农户的实际情况及当地的资源情况引进新品种、新技术，在推广过程中采用典型示范的方式，引导农民采用新技术，使农民更容易接受。

2. 对农户技术与服务需求反应敏感

市场经济条件下，农民技术需求的多样性不仅呈现出迅速增加的趋势，还呈现出易变的趋势。

科技特派员在长期深入农村的过程中，可及时了解农民对技术与市场信息需求的变化。科技特派员针对农民多样性技术与市场信息需求提供服务，可为农民提供相应技术与市场信息的来源，可确保农民收入目标的实现，还可为私人企业提供相关市场信息，使其得到快速发展，从而有利于新产业的发展与形成。同时，对科技特派员提出了更高的要求，他不仅需要具有相关的专业知识，而且需要掌握有关市场信息及相应经济方面的知识。

3. 信息传递迅速

首先，通过技术与市场信息服务，科技特派员发现农民组织（农民协会）可以有效提高技术服务的效率，同时也可以成为有效的市场活动组织，有利于农产品的销售与农民谈判能力的提高。其次，通过科技特派员的服务，为农民提供相关农业生产资料供应与农产品销售的信息，同时为私人企业的产品销售提供了信息，增加了为农民服务的渠道。最后，科技特派员在实践中发现的新问题可以为科研部门确定新的研究方向提供依据。

第四章
科技特派员绩效评价机制

2019年10月，习近平对科技特派员制度推行20周年作出重要指示指出，科技特派员制度推行20年来，坚持人才下沉、科技下乡、服务“三农”，队伍不断壮大，成为党的“三农”政策的宣传队、农业科技的传播者、科技创新创业的领头羊、乡村脱贫致富的带头人，使广大农民有了更多获得感、幸福感。习近平还强调，要坚持把科技特派员制度作为科技创新人才服务乡村振兴的重要工作进一步抓实抓好。1999年在福建省南平市建立的科技特派员制度，是国家在“三农”领域首创的一项重要科技政策，为科技进步、改革发展带来了新的活力。经过全国10多年的不断试点和总结完善，2016年，国务院办公厅发布了《关于深入推行科技特派员制度的若干意见》（国办发〔2016〕32号）（以下简称《意见》）。这标志着科技特派员制度由地方自发性实践探索正式成为一项国家政策，并得以在全国实施。但这项政策实施后效果如何，目前尚无文献对其进行评估。因此，有必要评估和分析科技特派员制度实施绩效的新情况，把握政策实施效果，为进一步完善政策提供科学依据。

从现有文献来看，引入科技特派员制度的绩效评价结果是相当广泛的。例如，任洪森等人于2005年运用DTOPSIS方法，建立了5个方面的18个指标，对10个县和试点县的科技专员专业绩效进行评价，制定出24项评价科技专员绩效的指标。魏德功等人对梧州市5个市（县）进行了绩效评估，将其分为三类，即非常好、比较成功、比较慢。基于模糊加权技术构建了20个谢晓熵指数，采用全局评价方法，利用2008年至2010年的数据，对四川省21个市（县）科技人员绩效进行分析。四川省科技特派员制度的实施绩效表明，该方法可以对全国31个省份的农村科技特派员的科技成果和科学创业进行评价。马辉从4个方面评价了平昌郡科技特派员制度取得的成绩，指出科技特派员制度促进了平昌郡重要文化经济实体的发展，通过扩大生产面积，增加农民的毛利和净利润，取得了很大的经济效益、社会效益和环境效益，农民的满意度很高。同时，采用问卷调查的方法对福建省4个市、13个县（区）的科技特派员制度的实施效果进行了评价。改进的赋权和分层赋权方法，基于5个维度评价了中山市8个市（区）的实施绩效。杨柳等人从3个角度对山东省9个国家农业科技园区的创新创业情况进行评价，发现这些园区都逐步提高了科技专员的创新创业水平。李晓庆采用DEA方法对我国31个省份、4个市和国家计划中具体规定的科技特派员制度的运行效率进行了评价。在我国临时的科技体系运行中，近1/3的省份达到DEA效率，但大部分省份效率较低，并呈下降趋势。其中，财政投入的强度和技术人才的配比是影响效率的主要因素。陈传波等人基于线性回归模型，发现科技项目支持对农牧民人均纯收入有显著正向影响。上述研究使用了一套更为全面的指标，对科技特派员制度的绩效进行了更为细致、全面的评估，同时也重点关注了经济发展水平对绩效的影响。然而，研究中使用的大部分数据早于“实施警报”实施之前，因此很难捕捉政策实施的实际影响。当同时使用索引系统时，可能会出现重复计算性能问题。尽管只关注横向基准的一个方面，但《意见》中定义并实施了至少16项科技绩效成果指标。

虽然上述研究中使用的评价指标和评价方法因评价层次、目的的不同而存在较大差异，但目前的结果为本书提供了良好的基础和启发，特别是在指标和方法的评价方面。现有研究主要以地方案例研究为主，综合评估、国别研究和比较研究还相对较少。而且，现有地方层面的研究成果往往将投入指标纳入绩效指标体系，偏离了注重结果导向的公共政策评估的初衷。政策成果应该是核心概念，包括目标群体获得的商品和服务，以及政策成果引起的人们行为和态度的实际变化等。因此，有必要对科技特派员制度的实施绩效开展新的评估。

第一节　科技特派员评价体系的构建

一、科技特派员制度实施绩效的含义

根据《意见》，科技特派员制度的主要目的是引导各类科技创新与企业、人才和单位整合技术、信息、资本、管理等现代生产要素，深入农村基层一线，实施创业和科技服务，与农民建立风险共担、利益共享的共同体，推动农村创新创业。根据这一概念和公共政策评估基本内涵，科技特派员制度实施绩效是指科技特派员推动科技成果在农村转化，通过领办和创办企业、合作社等经济组织，与农民结成经济实体（形成利益共同体），带动和服务农民发展（含科技扶贫）的成效。

二、构建指标体系

科技特派员制度实施绩效指标体系构建的基本原则包括：量化指标与质性指标相结合、直接成效指标与间接指标相结合、指标代表性与数据可得性相结合以及评估方法与指标相结合。根据上述原则，本节从科技特派员制度及其实施绩效含义出发，借鉴已有成果，构建指标体系。科技特派员制度实施绩效指标体系依层次由高到低包括：目标层、功能层和指标层。其中，目标层设置 1 个指标（一级指标），功能层设置 5 个指标（二级指标），指标层设置 16 个指标（三级指标）。

科技特派员制度实施绩效评估一级指标为科技特派员制度实施综合绩效，反映了各地实施科技特派员制度带来的农村科技服务成效与创业带动成效的综合水平。可从多维度全面反映科技特派员制度实施综合绩效，结合科技部现有统计指标体系与统计资料，根据一级指标（目标层）构建二级指标体系

（功能层），包括：实施科技开发项目、形成利益共同体、服务农民情况、推广服务和扶贫成效。

（一）实施科技开发项目

科技特派员制度是应对农技服务体系“网破、线断、人散”局面的产物，其首要目标在于通过科技人才下村入户开展农业科技服务，将科技下沉至广大农村。实施科技开发项目是科技特派员制度为农村提供科技服务、向农村导入科技要素的最直接体现，也是该政策名称的由来。任红松、魏德功、谢筱、夏英、杨柳、张庆霞、李晓庆等人的研究也使用了此指标。实施科技开发项目维度可通过实施科技开发项目数和项目总投资额 2 个三级指标测量。

（二）形成利益共同体

形成利益共同体是科技特派员制度的亮点和特色，利益共同体机制在科技特派员制度创建之初就成为调动科技特派员工作积极性的抓手之一。形成利益共同体反映了科技特派员与农民、农业的深度结合，是科技特派员开展科技创业的主要成果，也是科技特派员制度实施绩效的重要组成部分。任红松、谢筱、夏英和张庆霞等人的研究也使用了此指标。形成利益共同体维度包含创办市级以上龙头企业、创办非市级以上龙头企业、成立专业合作社、形成其他经营实体 4 个三级指标。其中，创办市级以上龙头企业不仅能反映科技特派员科技创业数量，也能反映创业质量。

（三）服务农民情况

服务农民情况反映了科技特派员开展科技服务覆盖的广度，是科技特派员制度的直接出发点和最终落脚点。因此，大多数相关文献都关注了此指标，包括服务农户、增收农户和辐射带动农民 3 个三级指标。其中，前两个指标反映了科技特派员通过培训、项目示范和发展利益共同体等直接服务与带动农民的成效，最后一个指标反映了科技特派员通过项目示范及辐射带动农户等方式间接服务农民的成效。

（四）技术推广

技术推广情况反映了科技特派员开展科技服务和推动创新创业的深度，是科技特派员向农村导入科技要素的直接成果，体现了科技特派员制度实施的质量和成效。大多数相关文献都关注了此指标。技术推广情况包含推广新技术和引进新品种 2 个三级指标。

（五）扶贫成效

科技扶贫是中国开展开发式扶贫的重要手段，科技特派员以其自身科技素质优势深入农村开展服务，深度参与国家扶贫事业。虽然《意见》中对科技特派员制度的定义没有提到扶贫情况，但却将精准扶贫列为重点任务之一，而且在各地实践中都将科技特派员制度作为助推精准扶贫的手段。因此，开展科技扶贫是科技特派员的基本目标之一，继而将扶贫成效列入科技特派员制度实施绩效指标。目前，仅张庆霞、陈传波等人的研究中使用了此指标。扶贫成效维度包含科技特派员参与扶贫人数、覆盖深度贫困村、覆盖非深度贫困村、帮扶结对和带动脱贫贫困户 5 个三级指标。其中，覆盖深度贫困村不仅反映了科技特派员参与扶贫的广度，也反映了科技特派员开展科技扶贫的深度。覆盖非深度贫困村是指科技特派员服务非深度贫困村的数量。

第二节　科技特派员绩效评价方法

一、科技特派员绩效实地调研说明

（一）调查问卷设计

因实际需要，对科技特派员绩效进行实地调研。调查问卷依据科技特派员工作主体分为相关科技单位、科技特派员及农民三种类型。

（二）调查问卷内容

本调查问卷针对科技特派员制度的主体类型进行设计，分为相关科技部门、科技特派员及农民。

针对相关科技单位设计的调查问卷主要包括以下内容：（1）所在地区的基本情况，科技特派员的各级组织、参与机构及其职能；（2）当地科技特派员工作资金的投入情况；（3）科技特派员选派方面的标准、方式；（4）当地科技特派员队伍的人员构成情况；（5）科技特派员的工作制度、绩效考核制度；（6）科技特派员提供服务的方式；（7）科技特派员工作的效果情况；（8）科技特派员对有偿服务的看法；（9）科技特派员认为工作中存在的困难及解决措施。

针对科技特派员的调查问卷的主要内容包括：（1）受访科技特派员的基本情况；（2）在工作中面临的问题与存在的困难；（3）对于存在的问题计划通过采取哪些措施解决。

针对农民的调查问卷的主要内容包括：（1）受访农民的基本情况；（2）接触科技特派员情况；（3）接受科技特派员的技术指导或服务的情况；（4）科技特派员技术指导的效果；（5）科技特派员的技术服务效果体现在哪些方面；（6）对有偿服务方式的接受度；（7）对科技特派员工作的满意度；（8）认为科技特派员工作还需要在哪些方面进行改善。

二、科技特派员制度绩效评价原则

科技特派员制度绩效评价遵循指标选取的系统性、完整性、有效性和可量可比性的原则，并考虑数据的可得性、可操作性等因素。本文结合科技特派员制度发展的现状，力求指标体系能全面反映科技特派员制度整体的发展状况，总结出科技特派员制度绩效评价原则如下：

一是系统性原则。指标体系应该反映科技特派员制度的整体运行情况，指标体系系统的整体评价功能大于单项分析指标的简单总和。选取指标时尽量使指标体系层次清楚、结构合理、相互关联、协调一致。

二是简明性原则。评价数据的指标一般比较复杂，为使评价指标简单易懂，要对指标进行筛选，选择那些概括性强、代表信息量大、容易获取数据的指标，同时着力抓住关键指标。

三是可操作性原则。指标含义要明确，数据要规范，资料收集要可靠，指标设计应从科技特派员制度工作的实际出发，在充分考虑数据取得和指标量化的难易程度基础上，尽量利用和开发政府部门现有的公开资料，以利于指标体系的运用和掌握。

四是定性与定量相结合的原则。在科学理论的指导下，定性和定量分析相结合，正确反映系统整体和内部的关系。其中，定量指标是显性的，以数量为主；定性指标是内在的，以质量为主，可以用数学工具进行量化处理。因此，将定性指标与定量指标相结合，便于建模，并利于进行综合评价。

三、科技特派员制度实施绩效评估方法

（一）改进熵值法

熵值确定权重法（简称熵值法）是基于熵值大小确定指标权重，然后计算出上一级指标值的评估方法。熵值法是一种运用广泛的、成熟的指标确权法，常用于综合发展水平评估，适用于样本数据可得且希望确定权重具有客观性的情况。因此，运用熵值法对中国省域科技特派员制度实施绩效进行评估是合适的。为了消除熵值法难以处理极端值的影响，参考相关文献，采用改进熵值法。

（1）数据标准化处理。根据熵值法基本原理，运用熵值法首先要对数据进行标准化处理，实现指标无量纲化，消除因测量单位量级变动和指标正负取向带来的影响。本书科技特派员制度实施绩效评估指标均为正向指标，即取值越大，绩效水平越高。因此，选择用极值法进行标准化。

（2）指标信息熵值和信息效用值测算。

（3）各评估指标权重测算。

（4）样本评估值测算。

本书所有指标均为正向指标，但存在部分指标取值为零的极端值情况，需要对数据进行非零化处理。因此，借鉴相关文献，利用平移法改进熵值法。

（二）改进熵值法的具体运用

第一步，根据科技特派员制度实施绩效评估功能层5个二级指标下的三级指标原始数据，依据熵值法测算步骤测算出每个三级指标的信息熵值、信息效用值、权重和二级指标得数（样本评估值）.

第二步，根据第一步测得的二级指标得数，依据熵值法测算步骤测算出每个二级指标的信息熵值、信息效用值、权重和一级指标得数，即科技特派员制度实施综合绩效评估值。

第三节 提升科技特派员绩效的对策建议

21世纪以来，随着科技水平的快速提高，信息量呈几何式增长，这一系列变革也给农业生产带来了巨大影响。科学技术更新在农业生产提升中所占的贡献份额愈来愈大，农业科技服务体系范围也迅速扩大。过去，我国农业科技服务体系只表现在农业科技推广的单一方面，政府由上至下的单一推广体系主导农业科技服务体系，导致农业科技成果稀少、不成规模；采用的是由非市场机制决定的强制性服务手段，使农户只能被动接受农业科技推广，这些问题都阻碍了我国农业的发展。未来，农业以种植、养殖等传统项目为主的第一产业，向涉农工业、农副产品制造加工、商业、金融业、服务业等第二、三产业扩展，积极与其他行业的科技特色相联系，包络相关领域方面的研究成果广泛应用于农业实践，促进各种先进技术向农业领域的转移，使科技兴农成为现实。

当前，农业科技服务体系的终极目标，即借助农业科技的重大突破和农业科技的成功实践，保证达到农业远期发展计划对农业科技服务体系的要求，形成远期全国人口丰衣足食的农业科技服务支撑系统。这需要以科学技术和技术体制的进步为动力，因此要使用新的先进的科技服务形式，促进优秀的农业科技广泛应用于实践。但是，运用前沿技术是否能达到预期的经济效益、社会效益和生态效益目标，核心因素在于科技服务方式是否合适，科技服务体系是否起到了作用，是否促进了农业现代化的起航。所以，为了健全现代的农业科技服务体系，必须更好地促进现今市场经济条件下的农业科技服务体系的发展。未来一段时间内，推行合适的农业科技服务体系改革和推进现代农业产业化的核心问题是怎样抓住契机，从农民的实际需求出发，从农业科技具体发展的过程出发，根据不同地方的具体情况，构建现代化的农业科技服务体系。这对提升整个农业领域的科技状况，加快推进“三农”事业，促进农村经济社会全面发展具有重大作用。

一、基本原则

（1）进一步扩大科技特派员制度覆盖面，充分发挥这项制度的巨大作用。扩大科技特派员制度的覆盖面，提倡各省在本省内继续实施科技特派员制度。按照建设新农村的需要，引导科技特派员从原来的服务农业改变为服务农村和农民，由单一的重视生产改变为重视生产与民生建设同一。探索科技特派员制度运行的长效运行机制，进一步展现科技特派员在社会主义新农村建设中的重要作用。

（2）实施科技特派员创业基地组织和企业科技特派员实验方案。组织各地对科技特派员创业基地进行投资建设，强化科技特派员培训教育，提升科技特派员的涵养，持续培养科技特派员的创业和科技服务能力，把科技特派员队伍逐渐变成一支全面发展的扎根基层农村的科技推广队伍，坚决保障科技特派员制度长效机制的运行；积极尝试把科技特派员制度落实到企业中，增强科技成果对现代企业的扶持力度，提高中小企业的创造能力，促进县域经济的发展，持续构建科技特派员制度运行的长效机制。

（3）充分利用各种资源，加强对科技特派员制度的扶持力度，形成多元化的科技特派员制度建设体系。国家应该加大对科技特派员制度财政支持；加强科技特派员制度与科技星火计划、科技富民强县行动、发展国家农业科技园区等项目的组合沟通，促使农业科技资源的合理集中，加大对科技特派员制度的资金政策扶持；将科技特派员制度与农村金融体制改革同步进行，形成多元化的科技特派员制度建设体系。

（4）进一步建设有助于促进科技特派员制度实施的整体环境。国家应结合科技特派员制度纪念暨表彰等活动，与各地电视台合作来制作有关实施科技特派员制度的电视宣传专题片，并在全国广泛播出；在主流报纸开辟“科技特派员专栏”，开展系列专题，报道科技特派员实践农业推广情况；动员科技特派员组成巡讲团，举办科技特派员全国巡回演讲等宣传活动。

二、对策建议

（1）长期以来，我国城乡经济社会发展形成了严重的二元结构，广大农村居民普遍思想观念保守，科学文化水平不够高，不利于科技特派员制度建设工作的推进。城乡统筹发展是指在城乡综合协同发展中，必须顾及二者之间的关系，最终达到共同发展进步的目的。统筹城乡发展对科技特派员制度的建设具有重大的现实意义。福建省南平市产生的科技特派员制度，就是为了解决特定的历史发展阶段出现的城乡分割问题和“三农”问题而专门设立的。如何破解城乡分割问题和“三农”问题，促进我国的农村全面有效地持续性发展是推进科技特派员制度的重要目标。在各地的创造性实践活动中，科技特派员拿着新型农业科技成果、生产种类计划和大量资本等到基层农村进行创业辅导服务，极大地促进了农村经济的积极发展；全国各地政府同时在财政、金融、科技推广、土地资源、信息装备等多方面实行的加强扶农助农的相关政策措施，鼓励科技特派员与农户、涉农企业依照市场机制的规律组成利益同一体，实现风险共担、利益共享。总之，应该发挥中央和地方各层面的主动性，促使城乡各种资源和关键生产要素强烈结合，有助于实现城乡统筹发展，更加有助于科技特派员制度发挥其优势服务“三农”。

首先，强化政府对科技特派员选派的管理决策。政府应该加强政策层面的制定工作，同时也要加强对公益型科技特派员选派的相关组织工作。对科技特派员的人员选择，应按照自愿原则，给那些有农业专业技术的科技特派员搭建一种在基层农村能充分发挥其才华的业务平台。在注重技术、能力选拔的同时，也要注重考察对象是否有立志献身农业、服务“三农”的精神。此外，应该积极提倡科技特派员与农户组成利益同一体，以合理引导关键生产要素从城市地区流向农村地区，用科学技术作为关键动力带动我国农村地区的崛起。

其次，采用“双向选择”的模式，进一步扩展遴选目标和范围。要立足本地，充分整合利用农业科技人才，拓展本地农业科技人才选拔途径。既要充分利用组织内人才的各种优势，激励各有关机关单位、国有性质企业、农业科研院所、高涉农等院校、农业科技推广人员自愿到基层农村开展创业服务行为；又要充分发现组织外的各种优秀人力资源，遴选一些优秀涉农高校毕业生、决定返乡农民工、乡村致富带头人、驻村大学生村官、本地各类优秀人士、经营管理技能人才等进入科技特派员队伍，加入科技特派员的基层科技创业行动。

最后，再次创新科技特派员遴选模式，组成科技特派员特色服务团队。依据地方实际产业情况的技术需要，善用各方力量遴选科技特派员服务团队，引导农业科技人才以科技特派员或科技特派团的形式进入基层农村，进入农业企业进行特色创业和服务活动，重点支持和鼓励事业单位组织、新型农村合作经济组织等以法人科技特派员的模式加入科技特派员的队伍中，为振兴地方产业发展给予全面的科技支持。

（2）营建科技特派员扎根、服务基层的优良环境，对于促进科技特派员全身心地工作、展现科技特派员的作用具有重大的持续性意义。一要构建和谐的政策条件。进一步优化科技特派员创新创业的确保政策和实践政策，消除科技特派员的顾虑；进一步优化激励措施，把科技特派员在基层进行推广服务的工作成果与职务升任、职称确定等对应；进一步优化科技特派员特别财政资金措施，在资金上积极助力科技特派员开发的农业方案，提升资金的利用水平。经过构建这一系列优良的政策条件，确保科技特派员“引进来、安稳干、愿意留”，安心在基层农村提供服务。二要构建和谐的创业条件。认真确定科技特派员的职责、权利和要求，采取有助于科技特派员工作的优惠措施，给科技特派员提供资金、土地资源等多方面的帮助，给科技特派员创造一个优越的创业环境，鼓励科技特派员进行创新，不惧怕失败。三要构建和谐的舆论条件。把科技特派员在基层科技推广中的心得体会、优秀事迹进行大规模的宣传，恰到好处地展现优秀科技特派员的示范效应；利用各种媒体和宣传方式，提升全社会对科技特派员的认同度，加强社会各界对科技特派员的关心和理解，塑造全体社会都关注科技特派员的良好环境，给科技特派员以有效的精神激励。

（3）提高科技特派员自身综合能力是从内在因素健全科技特派员制度的重要环节。一方面，应重视科技特派员专业知识的提升。现今社会快速发展，科学技术水平也日益提升，农业科技特派员应该不断地更新科技知识储备，这样才能满足广大人民群众对农业科技知识快速增长的需要。科技特派员要采取多形式、多渠道、分批等形式进行培训，通过“请进来教、走出去学”，从而提高科技特派员的素质。另一方面，培育与培训齐头并进，提高科技特派员的综合素质。

首先在选派之前，应对科技特派员进行专业知识的系统培训，完成下派前的端正思想意识的任务。应使被选派的科技特派员意识到科技特派员是一个光荣且责任重大的职业，必须认真体会、踏实工作。其次是组织服务经验的交流会，促进科技特派员相互间多交流、共同进步。最后，依据实际情况向科技特派员开设市场营销、现代人力资源管理等经管类理论知识培训班，还可以举行科企座谈交流会等活动，加强农业科技企业与科技特派员之间的沟通，通过各种形式完善科技特派员的知识储备体系，提高思想觉悟，从宏观角度、全方面地塑造科技特派员自身的综合能力。

（4）要充分认识到市场化机制对于推进科技特派员制度的重要性。为了使科技特派员制度长效化、市场化运作，就必须要充分发挥市场对资源的配置作用，促使市场机制有效运作，真真切切实现科学技术广泛推广，符合农村实际需要，提高农民相关技术水平，而不是仅仅提提口号。现今实行的科技特派员制度还处在政府强制推广时期，在以政府机构为主导的行政系统下实施，可能在短时间内会产生一些成效，不过长期来看，采用市场机制的运行方式才有利于科技特派员制度的长久发展。所以，科技特派员制度要得到持续发展进步，一定要从体制和机制上采取变革，必须弱化政府行政干涉行为，发挥市场机制的调节作用，强化与农业技术科研机构和农技应用推广部门的联合，突破事业单位等身份障碍和本地外地等地域障碍，本着实事求是、任人唯贤的准则进行科技特派员遴选工作，强力推进科技特派员农村基层作业活动，达到市场调配、相互选择的目标，注意科技特派员制度和其他农业工作模式的对接，发挥一切力量搞好社会主义新农村建设，争取早日解决我国的“三农”问题。

（5）明确科技特派员工作职责，按照实际需求统一选任科技特派员。紧扣政策，明确科技特派员工作职责，是提升政策绩效的基本前提。严格按照《意见》的目标定位、重点任务，准确理解科技特派员的含义，明确科技特派员的职责定位，以推动农村创新创业为直接目标，引导各类科技创新创业人才和单位整合技术、信息、资金、管理等现代生产要素，深入农村基层一线开展科技创业和服务，促进农村经济发展和科技水平提升。改变部分地区将科技特派员内涵过度扩大的混乱局面，由科技管理部门统一口径认定和选派科技特派员，紧扣科技特派员工作职责以及服务地区实际需求，精准认定和选派科技特派员，以更好地对科技特派员进行激励、服务和管理，使科技特派员能专心围绕政策目标开展工作。此外，在明确科技特派员工作职责的基础上，进一步制定科技特派员制度实施绩效标准，提升政策执行的引导性和规范性。

（6）注重政策执行力和效力，提升政策绩效。首先，多部门共同督查政策落地情况。科技与教育管理部门分别督促科研院所和高校落实相关政策，由科技、教育、组织等部门共同督促科技特派员派出单位落实工资福利、职称晋升、岗位聘用、基层工作经历认定和职务优先晋升等政策。其次，以项目带动政策。国家星火计划项目取消后，科技特派员制度缺乏国家级项目支持。为此，科技部、农业农村部、国家林草局等部委应设置支持科技特派员的国家级项目，调动地方政策执行积极性和科技特派员科技成果转化积极性。最后，在实施乡村振兴战略的大背景下，推动科技特派员政策立法。可以考虑在一些先行区域率先探索省级立法，减少科技人员兼职取酬等相关方面的政策冲突，确保科技特派员在法律允许的框架内，充分利用市场机制，取得服务和创业收益的合法性，进而持续推动科技特派员为乡村振兴作出新贡献。

（7）加强表彰认可，加大政策宣传。一方面，加大表彰力度，扩大政策认可度。以科技特派员制度推行20周年总结会议通报表扬先进个人以及国务院办公厅对“福建省南平市连续19年推进科技特派员工作，助力精准扶贫”地方典型经验做法通报表扬为契机，改变带有公益性的科技特派员工作长期被忽略的局面，加大表彰力度，营造政策落实的良好氛围，提升政策执行绩效。另一方面，多渠道加强政策宣传，增加政策知晓度。充分利用各级科技管理部门网站、微信公众号、中国科技特派员国际合作网、科技特派员创新服务联盟（北京）、《科技日报》等平台，多渠道、多方位宣传科技特派员政策。

（8）根据区域实际，补齐短板。在科技部等主导下，创建全国科技特派员培训学院，重点加强第一类地区（低绩效地区）科技特派员及科技管理部门的培训：第二类地区（高绩效地区）应将更多资源用于提升扶贫成效，特别是扶贫质量上；第三类地区（中上绩效地区）应进一步解放思想，充分利用市场机制，大力推进利益共同体建设；第四类地区（中下绩效地区）除继续保持项目实施外，在其他方面也要追加资源投入；第五类地区（中等绩效地区）应高度重视项目带动在推行科技特派员制度中的作用，不断提升绩效水平。

总之，本章对科技特派员制度实施绩效进行了省际比较分析，研究思路、构建的指标体系和评估方法，可以简单改造后用于市、县等科技特派员制度实施绩效的评估，一定程度上改变了现有文献偏向地区个案研究、多进行单维度评估以及对公共政策评估本意有所偏离的状况。但更多考虑的是产出方面，没有考虑投入成本，因而对科技特派员制度实施绩效的评估主要是效果评估（相对于效率评估）。未来可考虑将成本与产出结合，分析科技特派员制度效率问题。此外，由于对科技特派员绩效研究缺乏足够的积累，本章没有对影响绩效水平的主要因素进行深入分析，这也是值得进一步探讨的。

第五章 科技特派员创新创业研究

第一节 科技特派员创新创业行为及其影响因素

一、科技特派员通过创业来推动经济发展

2009年，全国科技特派员创业行动启动仪式在北京举行，这标志着我国科技特派员制度的工作重心发生了转移。杨帆提出，科技特派员的创业行为是以满足新时期农村发展要求、加快调整农业产业结构、活跃农村市场经济为目的，在科技特派员工作的基础上而进行的工作重心的转移。科技特派员创业行为的产生有利于科技特派员制度长效机制的建立。目前，国内学者对科技特派员的创业行为给出的定义可分为三类：第一类认为科技特派员创业行为是在政府的引导与鼓励下，深入农村生产一线，并依托科技项目，整合技术、人才、资金、管理、土地等资源，采取资金或技术入股、租赁经营、提供技术服务等形式，与相关农业生产经营主体签订契约，结成“风险共担、利益共享”的经济利益共同体；第二类认为科技特派员创业行为是指以调动科技人员和农民创业积极性为目标，通过体制机制创新，引导科技特派员围绕当地具有优势、特色的农业产业，领办、创办、协办科技型农业企业和专业合作经济组织，同时满足当地科技需求，培育新型农村生产、经营主体的

过程；第三类则将前两类的观点结合起来，认为科技特派员创业行为是指科技特派员通过资金入股、技术参股、技术承包等多种形式与农业企业、专业大户、农民结成利益共同体，或直接创办、领办生产示范基地、农民技术协会、专业合作社等。

本书认为科技特派员创业行为是科技特派员通过市场主导与政府引导相结合的机制，按照“风险共担、利益共享”的原则，以资金、管理、技术等入股形式与相关农业生产经营主体结成利益共同体，为其提供有偿服务，或围绕农业产业链的关键环节，创办、领办、协办农业企业或专业合作组织。

二、科技特派员的创业活动有着鲜明的本质和特点

（一）科技特派员创业行为的本质

科技特派员的创业活动是加强农村科技工作的重要途径，是创建和完善农村各项科技服务体系的重要载体，是探索和解决新时期农村面临的“三农”问题的重要举措。重要的是，要以新的产业理念发展农业，根据市场需求和比较共享农业产业链，通过制度创新调动科技特派员和农民的积极性，带领科技特派员以当地的特色农业为基础，创办农业企业或者专业化农业产业组织，推动农业产业组织不断发展，引导如技术、信息、资本等现代生产要素向农村地区转移。它将农村劳动和土地等传统生产要素与技术、信息和管理等现代生产要素相结合，提高了农业组织水平，改善了农业的产业化现实水准，实现了小规模农业与大市场的有效融合，从而为农村地区的经济社会发展作出贡献。

（二）科技特派员创业行为的特征

在当今社会，科技特派员的创业活动已成为市场经济的重要组成部分，它不仅体现了当前的市场机遇，也体现了对未来的可持续发展的信心；它不仅体现了当前的政策，也体现了未来的可能。

（1）通过引入“收益共同体”和“风险共担、利益共享”的政策，科技特派员可以更好地服务于当地的农业发展。政府、社会、商会等多方参与，

明确自身的责任和目的，实施对当地的管理，可以促进当地的可持续发展，达到农业科技的有效应用。由于这个原因，科技特派员的创新活动在市场上非常受欢迎。

（2）与传统的技术创新相比，科技特派员的创业活动更加多元化，既可改造一个产品、一个公司，也可改造一个项目，还推动了农村的改革和发展，转变了科学的融资方式，改变了人们的思维方式，并在多个方面都带来了巨大的变化。目前，科技特派员的创业活动并非只停留在单纯的技术革新上，而是在全社会范围内进行的大规模、综合的、有机的、全面的、持续的发展。

（3）通过采取全面的政策和措施，以及有效的组织架构，使得科技特派员的创业活动能够更好地反映出全局的视野，可以以全面的视角，结合当地的经济社会状况和全国与全球的经济发展趋势，把握好全球经济的脉搏，以此推动经济的可持续发展。同时，通过全面的规划与实施，使得科技特派员的创新活动更加高效、可持续。

三、科技特派员创业发展目标

科技特派员创业发展目标为：建立完善的科技特派员工作机制，改善农村创新创业氛围，扩充其服务范围，发挥其各自的专长，促进区域内的特色产业的发展，有效提升当地的农业产业化水平，以实现各方的发展需求，这包括但不限于科研、教育、医疗、农林、畜牧、社会、劳动者以及乡土人才的共同参与。随着科技特派员的数量和专业种类的增加，他们在农村地区的科技创业活动也迎来了全新的发展。

（1）推动科技发展，努力改善现有的科学研究环境，加强对科学研究领域的支持，促进当地的科学研究与发展。

（2）提升当地的竞争力，努力打造一批具备独特竞争优势的产业，帮助当地的企业实现更高的效益目标。

（3）大力开发和应用最前沿的应用技术，进一步提升科学研究的效率，为改善农业和当地乡镇的发展模式带来了积极的影响。

（4）推广科技特派员的活动，帮助大学生和农民工获得更多的发展机会，并通过提供更多的科技创业机会来增加他们的收入。

（5）促进农村发展，大力支持一批具有先进科学理念的农村生产经营主体，并鼓励科学家们担任农村科技型企业的负责人，同时也将大力支持并帮助农民专业合作社的发展。

四、科技特派员在创业过程中应遵循的原则

统筹规划旨在为全国科技特派员提供科技创业的指导，以促进农村基层科技能力的提升。因地制宜、分类指导则着重于根据各地农村科技发展的实际情况，提供针对性的指导，以推动农村科技的发展。

着力建设创新性主导产业，加大对技术创新的支持，不断完善和进一步优化农村科技服务体系，以满足农民的就业、增收、社会保障和医疗保障等需求。

以提升地方产业为核心，重视人民群众的福祉，加快现代化的农林业的发展，促进新型乡镇的构建，将科学研究、技术支持、信息化应用等融入产前、产后的全过程，从而实现从传统的生产到现代化的市场、社会、文化的转变，从而提升乡镇产业的整体素质。

为了促进体制机制的创新，我们应该加强对投入的落地执行，并结合政策、资金、项目等各种手段，强化市场驱动力，构筑充满责任感、充满合作精神的合作伙伴关系，以达到双赢的目标。强调社会参与，充分利用科技创业协会和其他相关组织的资源。

五、科技特派员创业活动的重要职责

（一）通过加强科技特派员的创新能力，打造具有地方特色的产业，促进经济增长，实现可持续发展

1. 建立一些科技特派员创业链，以促进科技发展

通过构筑一条以科技特派员为核心的创新生态系统，以及利用现有的政

策、资金、信息等多种手段，为当地的乡村振兴提供支持，推动当地的乡村振兴，激励当地的乡村人口投身于乡村振兴的建设中，为当地的社会主义现代化建设作出贡献。

2. 实施重大的科技特派员创业计划，以推动经济发展

为了推动农业发展，我们将采取一系列措施，包括开展一系列的科技创新活动，解决农业发展中的关键问题和难点，并将最新的科学研究成果融入相关企业中，以增强整个行业的竞争力。

3. 深入全产业链条各个环节进行创业

用新工业化的思路发展现代化农业，根据市场需要与比较利益，对农业链条合理化划分，扶持科技特派员们在链条各个环节开展创业服务，进而把信息化、科技化、财务化的生产要素嵌入全产业链条，切实做到产融集成。

4. 完善农户组织

为了促进乡镇发展，我们鼓励科技人才投身于各种行动，包括成立专门的行业协会、合作社、公司等，以及发展更多的乡镇生产经营者，促使乡镇的小微企业更加紧密地联系在一起，增强其抵御风险的能力。

（二）打造一个覆盖全国的科学家和企业家的创新和发展平台

1. 创业信息服务平台

为了促进农村的科技发展，我们将打造一个全国性的农村科技创新服务平台。我们将组织一支农村科技特派团，并利用星火科技 12396 为农村提供科技信息支持。我们的目标是实现农村科技的数字化转型，促进农村经济的可持续发展。

2. 创业孵化器平台

构建一批乡村科技孵化园，提高乡村科技创业者的待遇，培养新的乡村科技类企业；促使科技专员进入全国各地的孵化园服务创业者。

3. 企业技术专利权和财产权交易平台

整合资源，合理布局，从全国各地遴选一些行符合条件的城市，扶持发展若干区域科技专利与股权交易中心，促进当地科技特派员企业技术专利与股权交易网络化平台构建。

4. 企业创新成效交流平台

搭建科技特派员创业成果库，搭建虚实融合科技特派员成就显现交流平台，充分运用展销会、展览会等多种形式进行科技特派员创业成就展示交流，借助报刊、广播、电视、互联网等媒体，全面显现交流科技特派员科研创业的成就。

5. 创业金融服务平台

为了更好地推动科技产业的发展，我们可以打造一个创业金融服务平台，将科学家、金融专家、政府官员以及其他相关人士联系在一起，以便他们能够更好地将自己的专长应用到社会上。

（三）构建完善的培养制度，持续提升科技特派员的企业家精神

1. 建立培训基地

科学谋划，合理布局。国家层面建立起分工明确、专业化的科技特派人才培养网络体系。扶持建立一批具备本土特色的省内培养基地。促进各地具备办学条件者，设立科技特派人才培养基地或者科技特派人才创业学院。发动共青团组织及其他社会力量进行研修。进行形式多样的科研技术特派员研修。

2. 增补培训内容

增补培训内容旨在通过系统性的培训，以及多元化的实践活动，来帮助科技特派员更好地掌握和运用他们的专长，包括生产、管理、营销、电子商务、立法、财税政策、金融保险等工作，以期让他们更好地投身于创新型社会，并在实践中积累更多的知识和经验，促使他们的团队更加专注于实现自身的目标。

3. 强化科技创业培训

依靠技术特派员培训基地，利用技术特派员传帮带提升本土人才科技水平，对农民技术致富能手、乡村技术示范户、乡村中小企业从业人员、乡村经济人、农村技术工人和其他乡土技术领导者，以及大学毕业生，农村初、高中毕业后不能再升学者，大学生村官等进行培训，提高创业人员创新创业能力。

（四）以体制机制的革新为手段，建立新的社会化农村科学技术推广服务体系

1. 完善和发展科技特派员的相关组织建设

为了促进农村发展，应该大力支持和帮助科技人才参与农村的发展，支持和帮助农民们成为一个具有独立性和规模的、具有竞争性的、具有较强的生产和销售能力的社会团体。探索建立一个专门的科技特派员创业协会，以支持协会成员的创业活动。同时，还可以建立一个专门的科技特派员创业基金会，以支持会员的创业活动。

2. 持续推动多样化农村科学技术服务体系的建设

通过强有力的政策扶持和资源投入，引导科技特派员积极参与促进现代农业和新型乡镇的发展，不仅要积极参与各类社会化服务组织的建立，还要充分利用各类科研机构和高校的资源，以及当地的地理位置和经济环境等特色资源，构筑起一个全面、综合、可持续的，具有创造力和竞争力的现代农业和乡镇的科技服务网络。

3. 通过鼓励社会各界的参与，促进农村科技创新的发展

为了促进农村科技创新，我们应该鼓励和引导各类民间资本参与其中，并与共青团组织和其他社会团体、民间组织建立合作关系，将科技特派员的创新成果纳入各项惠农活动之中，并探索建立一套有效的奖励机制。

六、政府应采取措施来促进科技特派员的创业活动

（一）完善科技特派员的招募机制，以促进科技发展

1. 扩大科技特派员的来源渠道，以满足不断增长的需求

为了更好地推广“以人为本、双向选择”的理念，政府应大力推进各类政策的落实，并加强对科学家、专家学者、社会各界人才的培养。政府应积极邀请大学生、回归社会的劳动者、大学生村官、老干部以及其他有经验的社会成员，加入科技特派员队伍，为农村的发展提供更多的帮助。

2. 采取创新的科技特派员招募方式，以满足不断变化的需求

为了更好地推动科学发展，政府部门应联合社会机构、企业、高校等多种社会力量采取多种渠道和方式招募科技特派员。同时，也要积极推动各类社会力量在科技特派员开展服务和后续就业时提供更多帮助和机会。政府应该大力支持大学、科研单位组建的科学代表队伍前往偏远、落后的农村以及受灾的地区进行创新与帮扶。

3. 探索科技特派员利益机制

为了更好地促进科技发展，应该遵循市场经济的原则，并通过“风险共担，利益共享”的政策来促进科技人才的发展。政府应该让科技特派员通过项目、投资、技术参股、技术承包和免费服务来为农民提供帮助，并建立一个可持续的发展模型，促进科技特派员的劳动转化为经济效益。

4. 完善科技特派员创业保护机制

积极贯彻国务院《关于发挥科技支撑作用促进经济平稳较快发展的意见》（国发〔2009〕9 号）精神，保证科技特派员在派驻时，原有职务等级、薪酬福利及职务保留不变化，薪酬、职务、职务晋升及职务变更按派出机构现职人员对待，重点考核科技特派员工作成绩，以此评定和提拔专业技术职务（职务），进而推动经济发展；对有突出业绩者，优先考虑晋升岗位、职称。按照《中华人民共和国科学技术进步法》，制定岗位科研成果股份激励政策性规则，对于做出显著业绩的科研特派员按规定以期权、技术性入股及股份奖励为形式进行激发。

（二）强化财力资助

1. 加大财政支持力度

对科学技术特派员的乡村科技创业行动增加经费投放，以立项、补贴或者后期补贴为主，扶持科技特派员创业。地方政府应根据当地实际，加大财政性科学技术投资，设立地方科学技术特派员专项资金，扶持科技特派员开展乡村科学技术创业活动。

2. 集成现有资源

通过整合政府、企业、社会、学术界的多种形式的科研资源，实现社会

全面、协调发展，推进科研院所与企业的合作，为全体公民提供更多的就业机会，促进全社会的发展。

3. 拓展融资渠道

我们应该加强与政府部门的沟通，推动政府与社会的协作，共同努力，构建一个可靠、可行、可操作的运作体系，以期为乡镇经济蓬勃发展提供更多的财政支撑。政府可以通过建立担保基金、提供贷款服务、推行科技保险、发放贷款、实施政策补贴等方式激发市场活力，拓展企业融资渠道，实现乡镇经济的可持续发展。

4. 创新科技金融机制

为了促进金融业的发展，政府应该与相关行业协会共同努力，提供更加便捷的信息传递与咨询服务，并开发更加灵活的融资方式。同时，政府还应该鼓励风险投资与科技创新的融合，帮助拥有良好的研发实践能力、可靠性以及发展前景的农业科技公司进行融资，以期实现更加全面、可靠的融资环境。

5. 实施减税政策

对于具有高水平的科学技术的公司，政府应给予一定的补贴。这些公司包括由高级管理者管理的公司和其他有志于推动农业产业化的个体工商户。

七、科技特派员创业行为的影响因素分析

科技特派员参与创业的关键因素是政府的指导、扶持，以及科技特派员自身的创业积极性和农业部门的结构革新，这些都能够有效地激发和培养科技特派员的创新精神，成为他们开展创业活动的前提。其中，政府的指导和扶持是推动科技特派员进行创业的重要因素。同时，农业的发展也能够在一定程度上激发和推动科技特派员开展创业活动。

（一）政府指导和扶持

通过政府的大力扶持，以及实施各类有效措施，科技特派员可以以多种方式投身于农业科学研究，更好地实现“中国梦”。科技特派员可以通过各类方式，如投资、合资、股权等，来实现自身价值；也可以通过提供免费培训、

指导等方式，来帮助更多人实现自身价值。因此，为了促进科技发展，政府应该为科技特派员的创新创业活动提供全力的帮助。

为了促进经济发展，政府应该大力推进创新，为企业提供更多的扶持。例如：设立更多的财税补贴；加强对企业的指导，帮助企业发挥市场优势；推广先进的技术，推广先进的管理理念；加强对企业的监管，促进企业的发展；构筑完善的创新机制，推进企业的发展。政府的积极指导与全面投入，可以促进科技特派员制度的可持续发展。

（二）科技特派员对创业充满激情

拥有一颗充满活力的、勇于挑战的心，是科技特派员实现梦想的重要因素。一个有活力的人，不仅要有足够的资金，还要有足够的精神，以及足够的智慧，才有可能实现梦想。当面对复杂的市场竞争时，拥有良好的专业知识、丰富的经验、敏锐的洞察力以及坚韧的毅力人才更容易成功。因此，作为科技特派员，应该努力提升自身的专业水平，以便更好地适应市场的变化。同时，应该充分利用自身专长，并且积极地寻找机遇，以便更好地实施创业计划。此外，拥有丰富的知识储备、熟悉当今的商业环境、可以采用灵活的运营策略等都有助于科技特派员以更高的标准、更加灵活的方式运营一个企业，有利于企业的可持续发展。

（三）改革后的农业产业结构发生了巨大的改变

科技特派员可以根据当地的特色农业产业结构，结合其他外部因素，为自身创业提供技术、资金、管理、服务等支持，从而实现自身的发展。通过对全国各地的创业实践研究发现，独特的农业产业结构不仅推动了当地传统产业的发展，也为农村经济的增长注入了新的活力。同时，这种新的产业结构也为科技特派员提供了更多的创业机遇，激励他们投身于创新创业的热潮中。此外，当地的经济、社会、市场环境的局限性可能会对当地的农业产业结构造成重大影响，从而阻碍科技特派员参与创业活动。

第二节　科技特派员探索新的创业模式

一、农村科技创业模式

（一）"科技特派员 + 农户"创业模式

根据主营业务结构，科技特派员可以分为"外生"技术人员和"内生"技术人员。"外生"是指从城市到农村地区创业的各种群体，包括技术人员、大学生村官、大学毕业生、养老金领取者和商业工作者。"内生"是指在农村地区自发开展商业活动的不同群体，包括管理农村年轻人的当地人才。"科技特派员 + 农户"创业模式主要对"内生"技术人员进行研究，如图 5-1 所示。

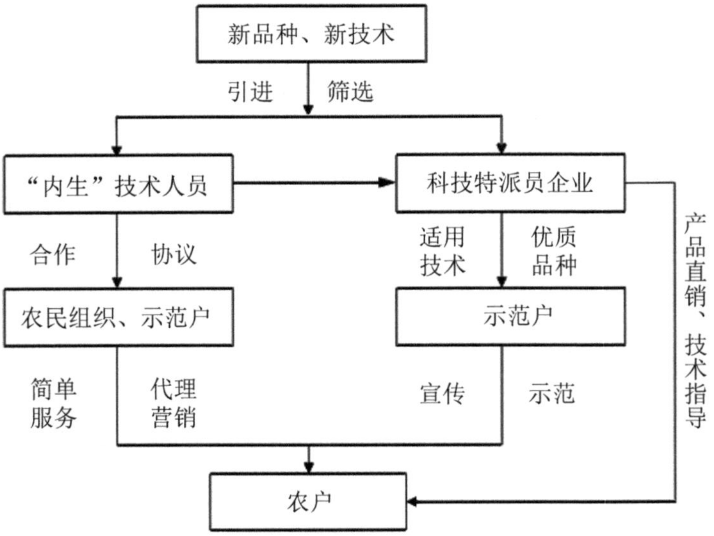

图 5-1　"科技特派员 + 农户"创业模式

"内生"科技特派员熟知农产品和本地特色行业，能够跟农民们很好地沟通及交流，对于创业有着独特的优势。一方面，因为相互之间信息沟通方便利于农民进行仿效，所以科技特派员与农户间的辅助费用以及成交费用会降低。另一方面，当科技特派员对农民提供的技术性服务不是免费的时，农民在接受新品种和新技术时就会多一些顾虑。同时"内生"科技特派员自己就是农户，农民对其的信任度会更高，就能取得较好的成绩。

“内生”科技特派员重点是引育、筛选优质技术，从本地选择具有一定影响力的农户组织、示范户，结成合作社，并在其创建的公司中进行大规模应用。通过合作流程应用，示范户们凭借高产高收益、高利润吸引周围农民采用科技特派员公司的新品种、新技术，实现双赢。

“科技特派员＋农户”的创业模式适合服务类项目，且需要为新品种、新技术的引入配备相应人才。“内生”科技特派员开办企业，具有很强的示范性及节省费用的优点，但“内生”科技特派员在专业素养、技能水准等方面与“外生”科技特派员仍存在一定差距，会导致技术及项目成效不理想，企业经营业绩不高。

（二）“科技特派员＋示范基地”创业模式

增加农民收入旨在利用租赁的土地、设备以及引入的先进品种、技术、成果，为当地的农民提供一个可以获得更多经济效益的实践平台，以及一个可以实现经济增长的可持续发展的可能性。“科技特派员＋示范基地”创业模式就是以实现农民增收为目的创建的（见图 5-2）。

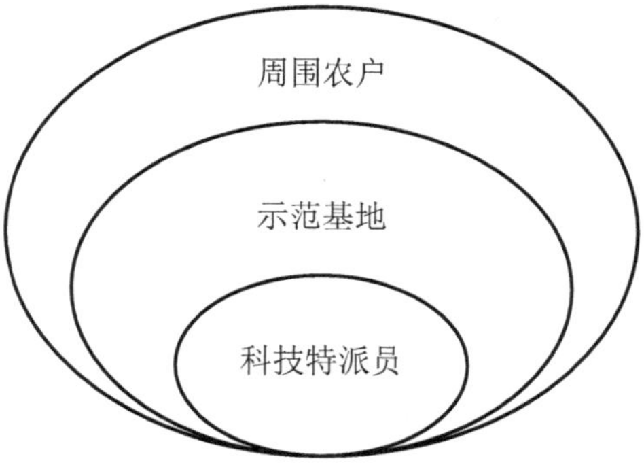

图 5-2　“科技特派员＋示范基地”创业模式

“科技特派员＋示范基地”的创业模式，可以通过科学的管理，有效地引导并促进农业的科学研究，从而提升农民的经济收益，促进农业的可持续发展。

“科技特派员＋示范基地”创业模式适宜在以粮、经作物及林果产业为主的地区使用。该模型能很好地发挥服务性、带动性作用，可带动周围农民提高经济效益，但科技专员的权益得不到保证，与企业家精神不相符。

（三）“科技特派员 + 企业”创业模式

在市场化条件下，科技特派员有偿服务的比例逐渐增大，“科技特派员 + 企业”创业模式就是在这样的背景下建立的（见图 5-3）。科技特派员采用技术出资、技能承包等方式进行关键性、技术性服务，或通过单独创办、领导公司等方式，将技术、收益带给周围农户。形成了农户为企业供土地、劳动，企业为农户提供生产技术、信息及农资销路的模式。

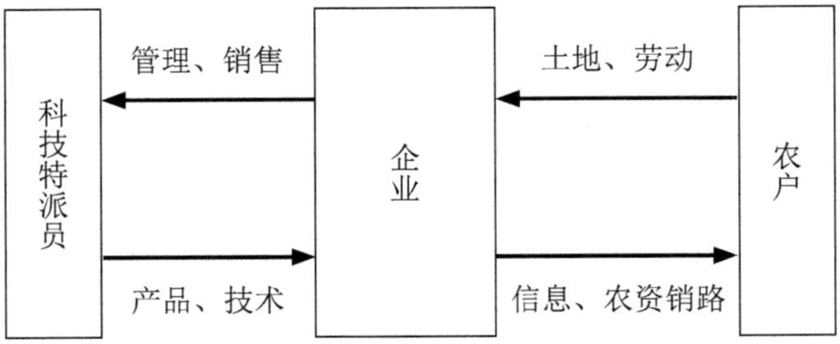

图 5-3　“科技特派员 + 企业”创业模式

在“科技特派员 + 企业”模式下，科技特派员创办的公司不同于一般涉农型公司以及农资型公司，他们把自身所学的科学技能带入了生产环节，此类公司同农民有着密切的利益关联。科技特派员创办的企业把自身效益和农户效益看成是一样重要的事情，帮农户做事情的同时，也能促进企业发展。因此，企业型模式效果优于协会型、示范型公司，具有较好的市场发展前景。

“科技特派员 + 企业”创业模式可以帮助那些拥有足够财富的人才在某个具备发展潜力的领域里开展新的项目。这些领域通常都拥有良好的政府支持、可靠的投资机制以及相关的产业支持，这些都可以确保他们的项目具备良好的抵御风险的能力。然而，由于这些人才处于早期的发展阶段，他们对经营公司往往没有足够的经验，因此他们的项目、公司可能会因为某些原因而失败。

（四）“科技特派员 + 科技特派员团队”创业模式

通过引入技术特派员，可以大大提升农业科技服务的质量，并且可以根据各自的专业知识、资历、背景等因素，减少地域间的差距，从而提高整体的服务水平。为此，应当建立一套持久的、可持续的、适应当前环境的技术特派员创新企业发展机制，以期将其与当前的农村服务体系、市场经济的各种运营方式以及各种经济组织紧密结合起来。自 2008 年开始，甘肃省科技厅积极开展科技特派员的研究和实践，着力打造具有独特风格的技术特派员服务体系。甘肃省预计将建立 50 支科技特派员创新服务团队，通过团体合作的方式，促进科技特派员在乡镇的科学创业活动。“科技特派员 + 科技特派员团队”创业模式就是在此背景下创建的（见图 5-4）。

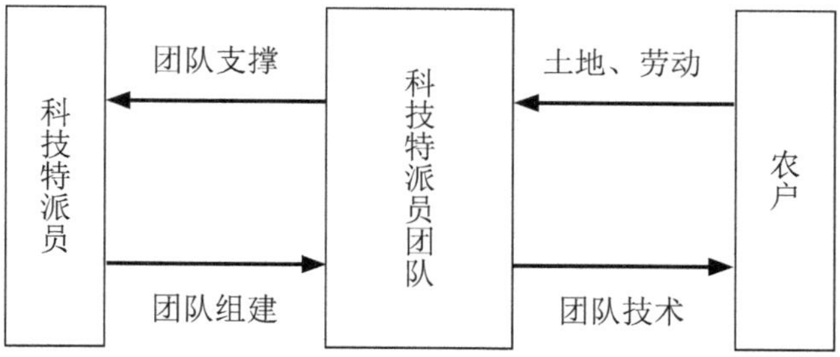

图 5-4　“科技特派员 + 科技特派员团队”创业模式

科技专家们联合起来组织起一个小型的创新型企业，他们各自的专业知识、资历、人脉可以帮企业解决实际的问题，从而协助村民们获取更多的社会、经济利益。2010 年，甘肃首批科技特派员基层创新团队的成立为当地经济社会的可持续发展带来了强大的动力，他们通过推进创新、开展有益的农业技能培训，大大提升了当地的经济水平，促进了农民的就业。

当前，科技特派员的来源包括政府机构、事业单位、企业、高校、本地人才和应届毕业生等，因此，可以把科技特派员划分为行政事业科技特派员、科研院所科技特派员、乡土人才科技特派员，以及大学生科技特派员。

（1）作为行政事业科技特派员，他们拥有独特的优势，能够及时跟踪政策变化，准确把握政策方向，并且能够深入了解项目申报和扶持进度。但这类科技特派员也存在一定的缺陷，如创业动机较弱，风险承受能力较低。

（2）由于拥有丰富的科研经验以及良好的实践能力，科研院校的科技特派员们拥有极大的竞争优势，可以及时研究并掌握新的技术，并且可以把这些技术运用到实际的生产中。然而，这些特派员也存在一些问题，如大部分科研院校的科技特派员都更倾向于把自己的热情投入研究中，而不太愿意去到乡镇或城市发展自己的企业。

（3）乡土人才科技特派员拥有丰富的基层经验，他们不仅能够深入生产第一线，而且还拥有良好的农业生产和实践能力，他们拥有极强的创业激情，并且能够承受一定的创业风险。然而，他们的学历一般较低、专业知识不足，对新技术新品种的认知也相对薄弱。

（4）大学生科技特派员通常充满创业热情，他们渴望以创业为手段，实现自身的梦想，展示自身的价值，并且非常重视创新，勇于面对创业的挑战，能不断学习新的知识，并具备良好的专业素养；但他们存在着资金、人脉、生产经验等方面的不足。

为了建立一支高效的科技特派员创业团队，应该充分利用每个团队成员的专长，并结合个人的技术、人脉、生产经验、政策资源、创新能力和创业动力，通过不断改进和完善，打造一个稳定而持久、具有发展潜力的综合性团队。

此外，团队应该积极招募新成员，以激发团队的活力，促进其长期发展。“科技特派员＋科技特派员团队”创业模式可以帮助团队在初期阶段快速招募到优秀的人才，并且可以降低创业的难度。但是，这种方法也存在一些缺陷，如权力分配不均、内部协作不足、任务分配不当、利益冲突等。因此，明确的组织架构和目标是保证团队成功的关键。

（五）“科技特派员＋法人科技特派员”创业模式

在科技特派员制度建设过程中，出现了一种法人科技特派员形式。法人科技特派员是指各单位派出单位法人为代表者，单位其他人员组成小组，利用各小组的能力和特色，协同推进当地产业开发，充分提高农业科技水平。“科技特派员＋法人科技特派员”创业模式就是在此背景下创建的（见图5-5）。

法人为企业的发展作出贡献，其目标是实现企业的持续发展，并且为企业的发展提供各方面的支持，包括经济支持、技术指导、经营策略制定等。

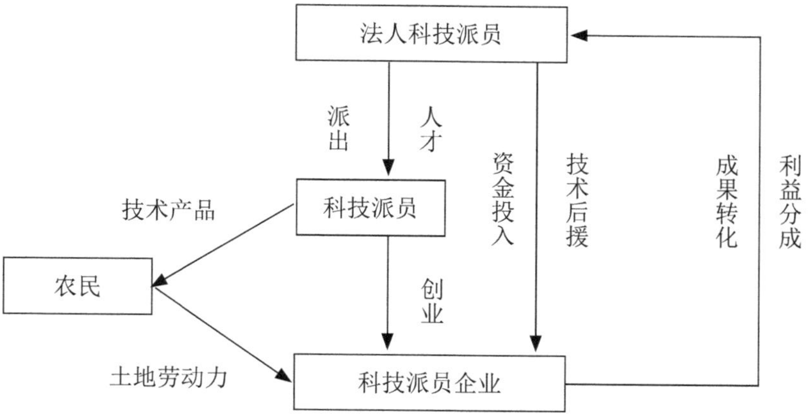

图 5-5 “科技特派员＋法人科技特派员”创业模式

为了实现“科技特派员＋法人科技特派员”创业模式，科技特派员应当与所在单位建立合作关系，以便在创业方面达成共识和便利。同时，应当协调好创业活动与原有职责之间的矛盾，以便在经济和社会效益上给原有单位带来实质性的收益。

二、科技特派员农村科技创新创业模式

本章深入探讨了甘肃省科技特派员的创业特征及其所面临的挑战，并从甘肃省的成功案例中汲取经验，以期更好地指导本地科技特派员的农村科技创业。

（一）创建创新型服务平台

近年来，各省份一直致力于为科技特派员们打造一个成功的创业环境，并为此搭建起专门的创新型服务平台，并与各类机构紧密配合，为他们提供优质的政策、专家、财力支持。

创新型服务平台是一个免费的公共服务中心，在科学研究院的领导下运营。它不仅拥有融资、培训以及信息收集等多种功能，还致力于与政府、银行以及其他各类组织建立良好的长期合作关系，以便更好地帮助科研团队获得财力、物力、人才等方面的支持。首先，为了创建此模式，将对科技特派

员进行专门的技术和商业知识方面的培养，并帮助他们结合个人优势，打造一支高效的团队。其次，将利用创新型服务平台，为科技特派员提供一个交流的空间，帮助他们更好地了解市场动态。最后，也会提供多种创业资源，帮助科技特派员更好地完成任务，并减少他们的创业压力。创新型服务平台的机制框架如图 5-6 所示。

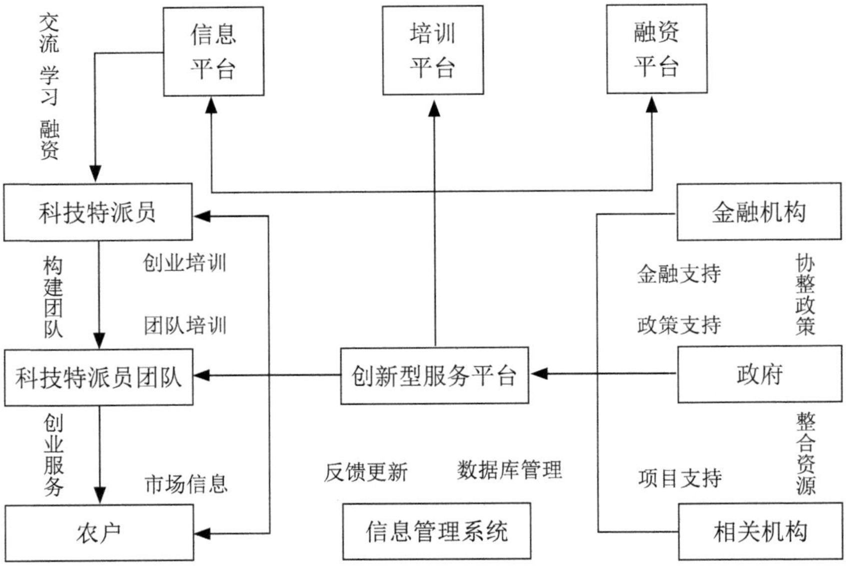

图 5-6　创新型服务平台机制框架

为了更好地为创业者提供服务，需要重点关注人员配置、职责协调、资金来源、地域限制以及长期发展等情况。此外，还需要加强与其他平台和孵化器的资源整合和机制对接，并建立一个科技特派员信息管理系统，使得对科技特派员的管理更加合理化、系统化和信息化。

（二）“科技特派员 + 成熟企业 + 农户”创业模式

“科技特派员 + 成熟企业 + 农户”创业模型的应用可以更好地发掘潜在的商机，并以其为基础，为新兴的、处于发展早期的公司提供参考。处于早期发展阶段的企业，由于其资本实力限制，以及缺乏良好的客户口碑，需要借鉴其他公司的经验，以便更好地适应竞争环境。成熟企业通常拥有完善的工厂运营系统、高效的经营模式、广阔的客户群以及可靠的营运网络，这使它们的竞争力远超过新兴公司。然而，新兴企业也可以通过提高自身的研发实力、提升行业竞争力来弥补其不足。经由专家的指导，科技特派员企业可以借鉴其他公司的经验，并不断完善其内部管理，以增强其应对挑战的能力。此外，它们还可以吸收先进的技术，并利用这些优势来扩大其影响，提高当地就业率。最终，这些新兴的科技特派员企业可以建立起属于自己的市场定位，通过采用创新的方法、秉持积极进取的态度、建设良好的口碑，使公司变得更加强大、稳健（见图 5-7）。

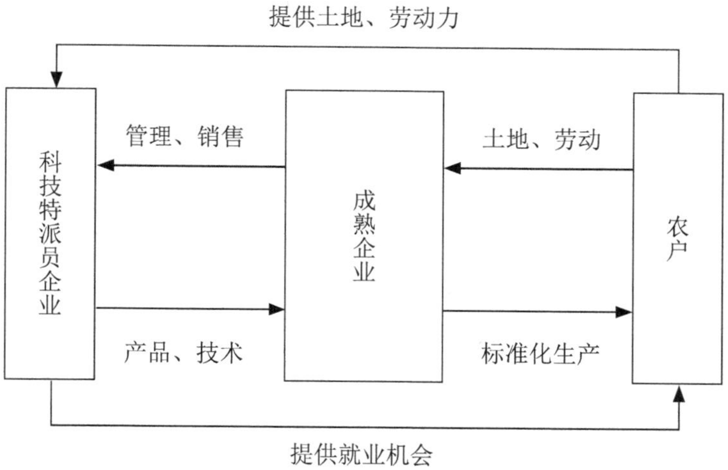

图 5-7　“科技特派员 + 成熟企业 + 农户”创业模式

三、科技特派员创建农业品牌

（一）农业品牌建设的重要性

“品牌”包含了两个意思：“品”即物，包含了物的注册、类别；“品牌”即企业据其产品给自身所起的特殊名称，其实也是商标。所以，“品牌”即有一定品位的品牌，反映在产品上面应是被普遍认同的商品品牌。农资品牌就是针对某一特定农业商品或者劳务，与同域内其他农资商品或者服务进行区分的标志。它蕴含了某种或某类型农资商品基础资料，如农资商品产地、农产品制造商（厂家）以及农资商品的品质特征等。对任意农资产品而言，品牌建设越来越重要，其影响力且日益凸显。

随着科技的发展，越来越多的现代农产品拥有了自己的知名度和市场竞争力，这使得它们的销售额和售价比起普通的非知名现代农产品更高。因此，建立和发展一个知名的、高效的、能够获得持久收益的农业品牌，不仅能够提升公司的价值，而且还能够获得更多的效益。农业品牌的重要性不言自明，因其所具有的优势和机遇，从而创造出超越其他现代农产品的商机，获得相应的经济和社会效益。随着时代的进步，农业品牌化已成为当今社会的一种普遍现象，它为现代农业的可持续发展提供了强大的支撑。

1. 经济竞争就是品牌竞争

随着社会主义市场经济的进一步发展，我国国民经济保持快速增长，有效供给能力显著增强，社会商品极大丰富，由“卖方市场”进入了“买方市场”。政府相关部门正在逐步推动品牌农业发展，完善农业品牌培育保护机制，保护知识产权，创建我国农业公用品牌发展体系，提高国际竞争力。

2. 农业品牌化建设对于农业公司增强市场竞争能力有一定的作用

通过加强质量保证体系、诚信体系建设以及实施品牌营销策略，使农产品品牌可以得到充分的宣传，充分体现出其独特的品质，满足多样的消费群体的需求，提高消费者的购买兴趣，进一步提高市场占有率，最终赢得更多的商机。

3. 农产品品牌建设是促进农业标准化、工业化发展的有效路径

现代农业的成功离不开标准的制定和落地，而产业的转型升级则需要依靠品牌的建设和维护。为此，应该采取有力的措施，建立和维护具有竞争力的农业品牌，以提升整个行业的质量水平，为消费者提供更优质的服务，从而提升整个行业的竞争力。

4. 通过建立农业品牌，我们可以为农业企业打造一个良好的形象

随着经济全球化的发展，品牌竞争日益激烈，并已经成为全球市场的共同语言和重要的商业技能。一个国家、一个地区或一个企业拥有的知名品牌数量可以反映出该国、该地区或该企业的经济实力。品牌不仅仅是一种文化，更是一种制度、一种管理技能。随着经济全球化的发展，农业品牌化已经成为一种不可忽视的趋势，它不仅能够带来巨大的经济效益，还能够帮助农业

企业规范自身行为，塑造更加优质的产品形象和企业形象。

（二）科技特派员创建农业品牌的模式

科技特派员创建农业品牌主要可以通过三种方式：利益共同体模式、个人承包经营模式、行业协会服务模式。

1. 利益共同体模式

（1）在利益共同体中，运作方式是怎样的呢？首先，利益共同体是一种由各方通过理性思考和协商形成的联盟。这种联盟的目的是通过互惠互利的方式来实现各方的利益。每个参与者都应该尽自己的努力来保护其他人的利益，并维护他们之间的利益关系。其次，利益共同体旨在建立一个由科学家和工程师组成的合作团体，通过投资、合作、分红和互惠互利的方式，为农村地区的开发提供支持，推动当地的可持续性。最后，利益共同体的出现大大提高了农民的参与度，不仅可以增加他们的合作组织的工作效率，还可以帮助他们更好地掌握管理知识，从而保证他们的社会稳定性。此外，它还可以增加农民的市场经营经验，减少他们获取技术、财富以及市场信息的费用。

①利益共同体通常具有一些鲜明的特征：有助于提升竞争力、经济体量、协同开发力量和抵御风险力量等；由于相互监管之效，使得组建的社区产业或经济体更加标准化、更具竞争性与竞争性优势；社区内部人员实施“风险共担、利益共享”机制。

②利益共同体的运行模式。通过建立三种不同的利益关系模型，科技特派员可以为农民和企业提供更多的支持和帮助：一是根据农户的自由选择，科技特派员可以通过提供专业的技术支持、优良的产品、高效的营销策略获得一定的经济回报；二是采用技术和资本的双重投入模型，可以为具备较低市场风险和较高技术水平的新型种子和项目提供更多的支持，进而达到利益双赢的局势；三是可以通过采用投资风险回报率的模型，达到利益双赢的局势。通过投入财力和物力，科技特派员与客户达成一致，并通过签订合同来规定具体提供的技术支持和帮助，将优先支持那些具有良好市场预期、需求较低、收益较高、时间较短、成本较低等的项目，并将这些支出作为最终获得成功的途径，而非仅仅依靠客户。

（2）利益共同体的作用。当我们谈论“双赢”时，团队成员们通常能够建立起更加友好的关系，并且能够更好地解决问题。通过建立利益共同体，可以让科技特派员拥有更多的机会，促进其更加积极地去实现目标、创造更多的价值。

2. 个人承包经营模式

“个人承包”可以被称作“个人承包经营管理”，这意味着双方签订了一份承包经营协议，以便让双方都能够参与到“经营管理权”的实施中来，从而实现双方的利益最大化。通过采取承包经营管理的模式，可有效缓解一些企业由于缺乏有效的运作而造成的财务困境，但这种模式的最终目的仍然在于获取更多的经济回报，而非将财务权益转移给其他参与者。

（1）承包人资质和状况。把运营管理方式转变成承包的必须为具备法定资质，且已经开展三年以上运营业务活动的公司、事务所。开展承包商运营的事务所则必须是同一个产业类别，且能给出切实可行的、可化解企业严重损失及维持正常发展的方案。另外，还应是可以向承包商开具足额风险抵押金或者风险保证金保函的企业。

（2）承包经营的权利和责任。通过签订协议，双方可以进入一个新的领域，这个领域就叫作承包。在这个过程中，双方都可以通过协商来决策如何进入这个领域。作为一个承包方，他们的职责就是负责维护和运作这个领域，并且在协议到期后，可以通过提供一些优惠政策来帮助这个领域发展壮大。同时，他们还需要遵守双方的协议，如通过风险保证金和无法更改的担保，合作伙伴公司有权选择一个人支付全部费用。此外，在签订协议后，承包方必须在第一个财务年度的第一个月内支付担保费用。在进行融资时，任何人都必须确认所提供的抵押物的价值，而且这些价值必须大于当年融资收益的 50%。在整个融资的运行过程中，任何人的财务状况都必须符合融资要求。在承包经营的过程中，受托人有权使用自己公司的账户申请融资。在合约到期、合约终结和合约到期之际，受托人负责处置和审计公司的财务状况，确保公司的财务安全。

3. 行业协会服务模式

产业协会指处于政、企双方，商品生产行业及经营主体间，并为其进行咨询、交流、监督、公平、自律、协调等服务的社会化中介机构。行业协会属一种民间机构，并非隶属于政府管理体制序列，而是联结政企之间的一座桥梁与纽带。

“行业协会”一词存在多种解释。例如：它既可以指一种以促进行业内的竞争、提高效率、维护公平竞争、促使相关企业健康发展的组织；它也可以被视作一种无偿的、公平的、公正的、促进公平竞争的社会经济结构。它的存在可以帮助企业更好地实现他们的目标，并且可以促使他们之间的竞争更激烈。通过建立一个由各个行业的专家和个人以及其他有意参与者联合发展的社会性经济机构，可以实现各个领域的共同发展和进步。

（1）行业协会的职能。行业协会的主要任务是：维护整个行业的公平正义，促进各方的合理权益；负责建立联系，帮助政府了解并满足各方的需求，参与制定、执行相应的行业规范、产业政策、监管措施等；通过制定、实施、落实相关的政策、条例、规范等，促使行业不断发展，提升企业的整体水平，实现企业的可持续发展；可以加强对企业的监督，确保企业的合理运转，保障企业的正常发展，坚决反对任何形式的欺诈、盗窃等不正当活动；在政府的授权下，负责审核企业的资格，颁发相关文件，如市场准入资格认定、产品批次、质量标识、生产许可证以及进出口批件；还负责收集、整理、报告该行业的相关信息。因此，行业协会的主要工作是：通过进行全球性的行业分析，探讨当前面临的挑战，并向公众提出有价值的建议，为企业及政府制定更加科学合理的对策。此外，行业协会还致力于为客户提供多种形式的服务，如信息收集、教学辅导、专家咨询、展览活动、会议筹备等。

（2）行业协会在市场经济中的作用。行业协会是一个自律组织，行业协会对市场经济来说可以发挥如下四个维度的作用：

①建立一个健康的市场运营环境，以促进企业发展。伴随着时代的进步，我们的社会正在朝着更加公平、公正的方向前进。为此，政府应当加强对市场的宏观管理，以更好地实现对资源的合理分配。同时，为保证公平、公正、公开，政府应当加强对企业的指导和监督，使其变成真正的公共利益相关者。当一个公司面临诸如权利、冲突、问题等挑战时，它们可以依靠自身努力来克服这些挑战；然而，如果一个公司没有足够强大的能量、权威或资源，它

就很可能无法成功地应付这些挑战。为了保证公平、公正，行业学会应当作为公司与政府沟通的渠道，及时、有效地交流、谈判、讨论并最终解决这些问题。伴随社会主义市场经济体制的不断完善，行业协会的出现及其相关的变革，不仅有助于政府改革的不断推进，更有助于实现宏观经济的有序运行，促进市场经济的健康发展。

②建立健全的市场竞争环境，以促进经济发展和社会进步。随着社会经济的迅速发展，各个领域、国家、地区、文化、技术等多个层面，形成了一个复杂而又充满活力、多元化且充满机遇与挑战的市场环境。为了保证经济社会的平等、公开、公正，提升社会发展效益，必须建立健全相关的监管体系，强化对行业、企业的监管。

③通过改进交易流程和企业管理方式，可以大幅提升交易效率。企业在日常运营中，无论是处理复杂的事务性工作还是解决纠纷，都会面临诸多挑战。为了提升交易效率、降低成本，企业应该积极寻求行业协会的帮助，以确保这些事务性工作能够得到公平、有效、便捷的处理，并且能够有效地解决经营纠纷。

④通过引入市场机制，可以更好地进行资源配置。行业协会是市场结构的关键组成部分，通过提供信息、促进交流、保持公平、进行监督，来促进市场的健康运转。此外，行业协会还可以将政府与企业联结到一起，并起到一定的引领作用。

（三）科技特派员创建品牌的对策和建议

现代农业是以科学技术为基础，以高效率和保障生态环境为理念，实现高水平农业综合生产效益、优质稳定产量和良好生态环境建设等目的的一种先进的农业发展模式。其中，打造具有自身特色的品牌农业对现代农业的发展起到重要作用。近年来，科技特派员们积极推行品牌战略，并且已经取得了可喜的成果，但仍存在许多挑战需要克服，如发展不均衡、资源整合程度较低、缺乏开拓性的投入、农产品无法获得规模经济效应、缺乏有效的包装及宣传策略、农民对品牌的认知程度较低、政府的扶持程度有限等。为了解决上述问题，可以采取以下几项重要的解决方案：

1. 提高认识

科技特派员的责任不仅仅局限于将先进的科学技术带给农民，实现“农产品提效、农户增加收入、乡村蓬勃发展”，更应该致力于推动中国优势农产品的可持续开发，以此来提升“一县一业、一乡一品”的市场份额，并为其带来更强的竞力。此外，我们还应该积极推动“一县一业、一乡一品”的中国优势农产品，以此来实现乡村的可持续开发。因此，必须清楚地认识到，科技特派员是“一县一业、一乡一品”的一名科学家，推广农业产品是其职责 。

例如，建瓯素有“中国竹子之乡”“中国锥栗之乡”的美誉。为了将建瓯竹、竹制品、竹笋、锥栗等推向全国和世界，科技特派员也发挥了重要作用。作为分配到建瓯市各企业的科技特派员，推动了水煮笋行业协会与建瓯市委的合作，使建瓯市建立了40多家水煮笋生产厂，注册了福建省首个水煮笋品牌“金瓯”。建瓯市在制定国内水煮笋销售技术和质量标准方面处于全国领先地位，极大地扩大了市场和竞争力，有效地提高了产品的附加值。又如，闽北是我国重要的锥栗产区，以詹夷生为代表的科技特派员推动了闽北锥栗的产业化发展，产品远销国内外市场。实践证明，科技特派员打造农业品牌是带动农民脱贫致富的有效途径。因此，要把创建品牌作为新时期科技特派员工作的重要任务之一进行评价、打分。

2. 加强支持，改变思维模式，促进发展

实施“三农”科技特派员创业行动，是推动“三农”发展的关键步骤，必须加强支持，改变行为模式，提升工作效率。行为和思维模式的改变可体现在如下方面：

（1）不断加大对科特派工作的支持。一是加强政策支持，力求建立科技特派员的保障机制，在政治、经济、生活待遇上为科技特派员提供保障；二是通过科技立项等形式对科技特派员示范点给予资金支持，对示范点科技特派员申报科技项目给予优先支持；三是为科技特派员提供技术支撑保障，如聘请专家作为科技特派员项目专家组成员，为示范点及全省科技特派员提供技术保障。

（2）过去，科技工作主要依靠宣传和批示；但现在，农民和企业的发展需求成为科技特派员的目标。

（3）过去，农村的科技服务主要依靠传统的方式，如收集信息、组织培训，以及收集各种杂志和书籍。但现在，“养在机关无人识”的科技专家已经被派遣至乡镇，并且通过举办各种形式的科技宣传和推广，让更多的农户能够获取实时的、有效的、专业的、针对性的、实时的、有效的、有效的科学的服务。

（4）从传统的仅仅依靠技术指导的模式，发展出了更加复杂的模式，即将技术指导与经济收益紧密结合。这样，技术专家就能够在没有任何经济回报的情况下，依靠自身的努力，从而激发出更多的创造力。

（5）过去，示范行为只是一种表面现象。而现在，示范不仅仅是一种表面现象，而是一种主动性的传播和辐射，它不仅能够让农民看到，还能够带动农民去实践。

（6）过去，科技宣传行为只是短暂的，而“常下乡”和“长驻乡”则是长期的，它们将科技特派员与广大农民紧密联系，不断地进行文化、科技和卫生宣传，并以此为基础，推动科技示范带动工作，以达到更好的效果。

3. 通过有效的统筹协调和资源整合，实现可持续发展

为了更加顺利地完成科技特派员的任务，需要得到来自上层领导的指导、财力投入以及相应的社会力量的帮助。因此，科技特派员必须清楚地界定自己的角色，并积极参与到相应的活动中来，以便更加高效地完成各项任务。科技特派员应该加强对其创业活动或项目的建设模式、项目执行、典型案例、保护措施和创新机制的研究和探索，并且充分利用政府的支持和社会的关注。为了确保科技特派员能高效履行其责任，政府应该不断完善政策，积极探索新的模式，努力提升基层农技推广机构的实效，并且充分利用现代信息网络，促进农民参与到农业科学研究中来，从而形成一个完善的、全局性的、可持续性的、具有可操作性和创造性的农业科学研究与应用的服务体系。我们应该积极开展联席会议，以便及时解决一些重要的问题，并且根据各方不同的职能，通过相互之间的沟通，形成一个完善的合作机制，以便推动项目的顺利实施。

4. 完善相关制度，建立长效机制

科技特派员制度是当今农村发展的重要推动力，其卓越的效能和可持续

性，为农村发展提供了有力的支撑。为此，应当推进科技特派员制度的完善，建立有效的激励机制，以促进其长久发展。

（1）积极推进利益机制的实施，加强对科技特派员的培养和激励，以及与企业、专业大户等的合作，构建“双赢”的经济利益共同体，实现双赢的局面。

（2）采取更多措施来表彰那些作出杰出贡献的科技工作者。大力推广一、二、三级奖项，将其中一、二、三级的奖金从原来的 2000 元、1500 元、1000 元增加至 3 万元、2 万元、1 万元；还可以增加特级奖，其奖金可达到 5 万元。

（3）为了更好地发挥科技特派员的作用，应该加强对其贡献的评估，并将其作为科技副职和科技特派员的重要考核指标，以推动农业品牌的发展。

（4）为了更好地推动科技发展，应建立一个持续的教育制度，定期选派科技特派员前往国外，学习先进的科技知识和理念，以提升自身的专业能力。

（5）为了提高科技特派员的工作效率，建议各级政府通过建立科学的投资机制来提高对项目的支持。

5. 通过强化品牌营销，表现当地的独特风格

建设一个成功的品牌需要多方面的努力，包括但不限于：高标准的质量、完善的客户体验、前沿的技术以及严格的管控。此外，成功的品牌建设也离不开良好的营销策略。为此，应该进行全面的市场调查，以便准确掌握当前的市场状态，并打造有针对性的、符合本土特点的农业品牌，以避免盲从，从而提高效益。一方面，充分发挥当地的自然环境、历史文化等优势，积极开发新的品牌，建设具备竞争力的企业，努力打造一流的企业形象；另一方面，应该加强对当地的经济发展，积极开发新的农业产业，充分发挥当地的经济潜力，实现经济的可持续发展。同时，紧密结合所处的行业，快速生产出高质量、环保健康、安全可靠的绿色食品和有机食品。此外，还必须努力提升品牌形象，并开展一系列精心设计的广告和公关活动，以便在竞争激烈的市场中占有一席之地。

品牌不仅是良好产品质量的保证，还是一种传统理念和优秀的文化诠释，必须具有深刻的人文意义。任何文化符号都不可能持久。企业应该创造自己的文化，将品牌管理融入产品中，并高度重视品牌推广和管理，利用各种现

代营销方法来提高产品的知名度。同时，选择一些发展潜力大、产量大的特定农产品进行基础生产和产业发展。

6. 加强品牌认知，推动品牌农业的发展和壮大

通过出台激励、鼓励、支持政策，让农民积极投身于推进品牌农业发展的进程，让“每个人都能够为国家的发展作出贡献”这一理念成为每一位农民的共同追求，从而实现可持续发展。

第三节　科技特派员创新创业融资

一、科技特派员创业融资基础理论

（一）农村金融发展理论

1. 农业信贷补贴论

农业信贷补贴论是 20 世纪 80 年代以前处于主导地位的农村金融理论。该理论支持信贷供给先行的农村金融战略。该理论的前提是：农村居民、特别是贫困阶层没有储蓄能力，农村面临的是慢性资金不足问题。而且由于农业的产业特性（收入的不确定性、投资的长期性、低收益性等），它也不可能成为以利润为目标的商业银行的融资对象。该理论因此得出结论：为增加农业生产和缓解农村贫困，有必要从农村外部注入政策性资金，并建立非营利性的专门金融机构来进行资金分配。

政府采取这种做法可能会导致一系列问题：首先，如果农民长期获得低价资金，他们的储蓄意愿将会下降，给国家财政造成负担；其次，当低利率无法弥补信贷机构的交易成本时，小农户可能会拒绝接受信贷机构的服务，转而寻找更大规模的贷款机构，从而使政府支持小农户的目标受到了削弱。政府的支持并非出于牟利目的，因此信贷机构无法有效地监督借款人的信用状况，从而导致借款人故意拖欠债务的行为屡见不鲜。

随着农业信贷补贴论的广泛推广，越来越多的学者开始关注这一问题。他们发现低息贷款很难到达贫困农民手中，贷款对象也在不断转移至更加富

裕的农民。随着时间的推移，这种成本高昂而效果有限的政策正在逐渐消失。

2. 农村金融市场论

随着时间的推移，农村金融市场论日益成熟，但它的理论前提是：农村居民以及贫困阶层是有储蓄能力的，只要政府或相关部门提供存款的机会，即使是贫困地区的小农户也可以产生储蓄存款，故没有必要由外部向农村注入奖金；低息政策妨碍人们向金融机构存款；运用资金的外部依存度过高，导致了贷款回收率降低；由于农村资金拥有较多的机会成本，非正规金融的高利率是理所当然的。

该理论的运用使金融市场的发展受到了一定程度的影响，但是，由于缺乏足够的抵押品或者担保品，许多农民仍然面临着融入资金的困境。金融机构希望与规模较大、经济效益良好、实力强劲的公司进行合作，但是由于缺乏正常资金途径，他们只能通过非正常途径，以较高的成本费用获得投资。当前，应该让政府的资金来支持和帮助农村居民摆脱困境。

3. 不完全竞争市场理论

农业作为一个基础性行业，仅仅通过市场机制的调节无法发挥出最佳的作用，还必须借助其他外部力量的支撑。根据不完全竞争的市场经济学说，当市场经济出现问题时，就必须由政府介入，以减少金融机构参与农村市场的阻力。例如，从一开始就投放指导性的资金，构筑金融机构的基础设施，并提供必要的技术支撑，以支持金融机构的发展。

根据不完整的市场观点，农民们自发地结成的小型团体会产生重要的影响。尽管在传统的金融机构与农民团体之间的竞争过程中，存在着道德风险和反向选择的挑战，但是，如果将这些团体结为一个整体，通过彼此的监管与限制，就能够有效地缓解这些风险。新型小额信贷的发展离不开对不完整市场的深入研究。

对三种学说进行剖析，可从中总结出以下几点：其一，农村居民以及穷困阶层是有储蓄能力的，如果有正确的激励机制，同样会存款至银行；其二，市场机制下利率化，可起到促进存款动机和加速资本周转的作用；其三，市场机制失灵时，采用农业补助政策帮扶贫困农民的效果明显；其四，应放宽农村区域的非正式金融限额，使之与正式金融公平、合法竞争，对于激活乡村市场、合理利用乡村资源大有裨益；其五，政府在农村财政方面所起的作用不可或缺，也不能忽视市场的调节作用；其六，乡村完备的财政制度应包括政策性财政、商业性财政以及乡村合作社，除了开展日常经营之外，还要具备抵押、农产品保险等形式。

（二）创业融资理论

1. 企业金融成长周期理论

企业金融成长周期理论将融资策略融入企业的各个成长周期，可以清晰地看出两者结合的规律。在研究的早期，将企业的生命周期简单划归成三个时期：创立期、成熟期和衰退期。在进一步的研究中，将企业的生命周期划分成六个阶段，分别是：初创期、成长期Ⅰ、成长期Ⅱ、成长期Ⅲ、成熟期和衰退期，其实是将创立期细分成四个阶段。初创期的融资来源是建立者自我积累的资金；成长一期Ⅰ，除自有资金外，资金还包括留存收益、商业贷款银行短期贷款及透支、租赁等；成长期Ⅱ，除去初创期和成长期Ⅰ的资金来源，还包括长期融资等；成长期Ⅲ，资金来源再加上证券市场的资金；在成熟期，资金来源保持前四个阶段的资金；在衰退期，主要包括资产清算、企业并购和股票回购的资金（见表 5-1）。

表 5-1　企业的生命周期及融资来源

生命周期	融资来源
初创期	自有资金
成长期Ⅰ	初创期资金、留存收益、商业贷款、银行短期贷款及透支、租赁
成长期Ⅱ	成长期Ⅰ资金、长期融资
成长期Ⅲ	成长期Ⅱ资金、证券市场的资金
成熟期	保持前四个阶段的资金来源
衰退期	企业并购、股票回购、资产清算

Berger 和 Udell 认为，由于缺乏可以通过数据来评估的内源融资，以及缺乏可以评估的固定资产，企业的金融增长阶段的内源融资的可能性非常低。随着时间的推移，公司的规模不断扩张。初级阶段，公司的固定资产充足，并且开始进行更多的投资。公司的销售情况也不断改善，并且公司的信息变

得更为透明。此时，公司的融资策略也更适合通过金融机构的债券来实现。到了后来，公司的产品已经开始大规模生产，并且公司的市占率也保持了一个较高的水平。此时，公司的财务状况也越来越好，并且公司的内部控制也越来越严格。

2. 资本市场“双缺口”理论

从企业创立初始至公司挂牌前这一段时间内，显著地出现融资“双缺口”问题，即为股权融资与债券融资同时不充分。有学者界定资金缺口有三种情况：第一，公司对投资收益增加量超过费用增加量，由于资金的库存短缺不能进行投资经营而无力经营；第二，当小型企业获取资本费用要大于上市公司、大企业获取相同资本的成本后，小型企业只好取消此次投入资金，不利于其发展；第三，融资失败造成投资不成功的情形，小型企业已经看中一个投资方案，而且这个方案有利润可以赚取，但是小型企业的融资长于上市公司、大企业，待到付款后，融资失败造成投资不成功现象。

3. 信贷配给理论

信贷配给理论是指在固定利率条件下，面对超额的资金需求，银行因无法或不愿提高利率而采取一些非利率的货款条件，使部分资金需求者退出银行借款市场，以消除超额需求而达到平衡。DeMeza、Webb 概括了信用分配的两种情形：一种是信用额度分配，全部贷款人均可以分配，但有的完全符合贷款人需求额，有的部分符合贷款人需求额；另一种是信用数额分配，一部分贷款人需求全部得到满足，而一部分贷款人甚至以较高利率拒付款项。信贷配给理论被引入资本市场后成为一种非常常见的现象。

4. 啄食顺序理论

啄食顺序理论，即优序融资理论。1984 年由美国金融学家迈尔斯与智利学者迈勒夫提出，他们认为公司为新项目融资时，要按照一定的顺序进行，即遵循内部融资、外部债权融资、外部股权融资的顺序。

二、创新创业融资需求

农技类专项特派员创新创业性行为既具备了一般科学技术创新创业性的

特征，也具有自身的独特性。因为构成要素的源头不一样，所以专项特派员内部存在差异性特征。因此，按照农技类专项特派员的财务诉求差异，可将他们划分为创业型农技类专项特派员与服务型农技类专项特派员，分别对他们的各项融资需求予以剖析。

（一）创业型农业科技特派员

通过对比研究可以发现，科技特派员的创办的企业与普通的科学公司有很多相似之处。基于这些相似之处，可以利用企业生命周期理论来研究农村科学家的创新活动，并划分为几个关键时间点，如种子期、创建期、成长期、扩张期和成熟期。能够根据这些信息来确定他们的融资需求。

1. 种子期

种子期要对农业科技特派员创新创业活动进行深入调研，对企业的发展前景、经营范围、产品和服务的定价以及宣传营销方案进行全面的规划，并且准备好相应的融资需求，其中包括组织的注册费、研发费、专利申请费等。随着创业科技特派员的资金积累，其资金需求逐渐减少，科技特派员将更多的精力投入组织的筹划和组建上，但是，由于他们的组织仍处于初步构建阶段，缺乏稳定的业务收入，使得他们面临着极大的风险，从而无法获得市场化的融资。

2. 创建期

在创建期，许多科技专家都会尝试管理公司，并且在一定程度上扩大公司的影响力。他们的工作重点包括与客户保持良好的沟通，成立研发小组，构建研发框架，以及培养一支专门的营销团队。当前，农业科技特派员正面对来自供应商、制造商和其他相关机构的重重挑战，他们不仅要满足对原材料、大型设施和劳动力的高额要求，还要承担企业运营所必需的财政负担。此外，他们还要应对新兴市场的竞争，努力建立起可靠的营利模式，因此，创建期是他们最艰难的时期。

3. 成长期

随着前两个阶段的不断推进，农业科技特派员们不仅累积出丰富的创业经验，使得公司的结构更加完善，管理更加高效，而且公司的产品与服务也越来越受到消费者的青睐，使得公司的业务范围不断拓宽，最终实现了公司的规模化发展。近年来，农民开始采用科学的方法来提高自己的收益。同时，由于农业技术的普及，许多公司都开始努力提高自己的实际能力，并且不断拓宽自己的市场份额。随着企业获得更加稳健的经营回报，受到良好评价的金融机构也会给予更多的支持，从而缓解融资的负担。不过，随着科学研究和制造工艺的不断发展，科技人才仍面临巨额的融资难题。

4. 扩张期

在当前的经济形势下，由于农业科技特派员创建的农业科技公司的组织结构日趋完善，其产品的销量也在不断地增长，因此，公司必须不断地增加资本，以便在未来的几年里，能够迅速提高其经营效率，并且能够迅速实现盈利。同时，公司还必须积极推广其产品，以便在激烈的市场竞争中脱颖而出，并且进一步提高其认知度。虽然在此时期，公司仍面临巨大的财务压力，但是随着公司积极寻找新的投资机会，能够满足其日益增长的经营需要。

5. 成熟期

随着时间的推移，农业科技特派员的创业活动逐渐接近尾声，企业管理机制日趋完善，生产规模不断扩大，市场份额稳定，盈利额急剧攀升，资金收入也达到了较高水平。然而，在成熟期，企业仍可以通过资本运营来进一步拓展规模，提升盈利能力，因此，这一阶段的企业仍有一定的融资需求。

（二）服务型农业科技特派员

作为一名专注于支持和促进农村发展的人才，科技特派员致力于帮助农村地区的公司挖掘其在经济和社会发展中的潜力。服务型农业科技特派员的工作重点在于帮助这些公司发挥其专长和能力，并在这些公司的支持下实现其目标；同时帮助农民更好地理解并实现他们的想法，使农民可以更好地控制原材料的使用，并获得更多的外部交流机会。然而，由于许多地区的农业生产方法比较落后，缺乏现代化的技术，导致整个国家的农业科技水平偏低。这就要求服务型农业科技特派员必须加强这方面的投入，以便更好地帮助农民，促进该区域农业的发展。

三、创新创业融资供给

尽管目前还没有一种全面的、有效的财政政策来帮助农村科技人才进入创业领域，随着社会经济的发展，农民和企业家们的创新和创业活动也发生了巨大的变化，他们都成了重要参与者甚至是合作伙伴。因此，农民和企业家们需要得到来自社会各界的资助和帮助。主要方式如下：

（一）农村正规金融供给

政策性融资、商业金融和合作社金融三者并存现象普遍出现于世界各地农村金融市场，农业科技特派员处于不同创业时期面临着多样化筹资需求，同时还要面对不同金融机构的资金供应。

（1）政策性融资主要包括国家政策银行为国家基础设施建设以及现代农业产业化发展所提供的信用支撑，而其中数量最为庞大的当属中国农业发展银行，然而伴随社会经济情况的改变，农业发展银行业务范围越来越窄，很少顾及农业科技专项人才创业这一金融供给。

（2）商业型金融机构大多是一类以追求盈利为目的的银行类与非银行类金融机构，其能够为农业科技专项创新创业活动开展期间各主体提供授信基础。然而结合商业型金融机构的运作目标和经营特征，其无法针对农业产业化开发、乡村科技创业等提供全面授信基础支撑与金融服务。诚然，商业金融机构里的农业银行、新型村镇银行、小额贷款公司对促进乡村发展都起到了重的要扶持作用。与其他商业金融机构相比，这类金融机构在乡村信贷领域的门槛偏低，从而给农业科技特派员开展创新型创业行动带来了较大的财力扶持。

（3）合作社金融长期是农村经济发展财政供给主体之力，目前国内合作社金融主体形态仍为农村信用合作社，近几年陆续出现如资金互助小组和乡村商业银行等新形态。但在农村地区，农业科技特派员创新创业型人才队伍建设期间，农村信用合作社依然是最为主要的金融供应组织。

（二）非正规金融供给

农村地区广泛存在着多种非正规金融业态，各类组织形式之所以出现，适应了农村经济发展各个时期的特点。目前，农村地区中非正规金融形式大致包括私人借款、合会、非营利性贷款等。

（1）私人借款指的是通过亲戚朋友介绍进行的、低成本、灵活、有效率、安全、便捷等的信用活动，它通常出于帮助贫困家庭、收集信息、筹集经济收益等目的，并且通常有一定的时长、数量、金额等限制。因此，它通常被认定为一种特定类型的非法活动。

（2）合会，又名“互助会”，是一个建立在本地文化和经济背景之上的非营利性机构，它的成员需要支付一部分会费才能获得贷款。它还采取一些措施来管理贷款的使用，如通过关联贷款来支持农民、工商联系人和其他相关机构。关联贷款的优势是不需要担保，而且贷款的利率较高，可以保证贷款的公平性。

（3）非营利性贷款是指那些不受财务限制的个人、团体、个人、企业等提供的贷款，这些贷款往往是用于帮助弱势群体，并且往往是从社会上募集的。

由于存在信息不对称和道德风险的问题，传统的金融机构通常都更加谨慎地向农业科技特派员发放贷款。然而，非法的金融公司却具备明显的优势。其中最重要的便是，它们可以更好地掌握农民的信誉和道德状态，并且可以以更少的费用收集到更多的数据，从而减少由此带来的风险。在当今的经济环境中，非法金融活动的收益往往比传统的银行贷款更加可观，而且由于它们的审核程序更加严格，因此，投资者可以从中受益，而且可以享受到更少的交易成本，从而降低投资风险。与传统的金融服务形成鲜明的对比，非银行金融服务拥有极大的灵活性，可以以较低的成本、较快的速度满足企业的财务需求，这使得它们在满足企业的财务需求上具备明显的优势。

（三）政府扶持

近年来，随着社会的迅速发展，农作科学的研究与应用日益受到关注，它们对于提升农村产出效益、提高农民生活品质、增强农户利益等方面都起到了重要的作用。然而，由于缺乏有效的投入，农业科学的发展受到了严峻的挑战，因此，政府应该更多地进行财政支撑，以推动农村的发展。现在，政府正在采取多种措施，以便向农业科学研究和创意产业投入更多的资金。

自 2002 年至今，我国政府始终致力于科学技术普及，并于 2009 年启动了一项重大的政策科学技术特派员进乡村工作，以激励当地的科技工作者、农民以及其他有关部门，促进农村经济的可持续发展。这一举措的目的是激励当地的社会资金参与，促进农村经济的健康增长。政府大量的财政投入，使得农民能够更加自信地进行科学研究和实践，从而推动相关的科学研究和实践。

2001 年，“农业科技成果转化资金专项计划”被制定，旨在鼓励各类政府部门、社会组织、高等院校、研究学院、服务组织等，利用政策支持，大力推动农村科学技术的应用，促进其在经济社会的可持续发展。自 20 世纪 80 年代以来，我国政府一直在努力推动农村科技创新发展，加大资金投入，加强对农村科技服务体系的构建和信息化推广以及对农民的专业知识和能力的培训，并制定了一系列有力的扶持措施。为了促进乡镇经济发展，设立省级财政专项基金，用于扶植和激励乡镇中小企业的发展，提升它们的技术水平，并鼓励社会各界参与到乡镇的发展之中，以期为乡镇经济发展提供更多的可能。

（四）自身资金积累

由于农村科技创业具备极大的不稳定性与风险，而且缺乏足够的信息，使得投入的资源往往无法得到充分的利用，从而阻碍了农民的致富之路。因此，农民们必须努力提升个人的财务状况，以期获得更大的投入，从而实现他们的创业梦想。

笔者统计了 42 家农业科技特派员初创企业的财务状况，认为他们的财务状况均较为稳定，且 35 家企业的财务状况较为宽裕，仅仅依赖银行和信用社的信贷支撑。因此，农业科技特派员的财务状况一般较为稳定，他们的第一选择就是获得银行和信用社的贷款，从而获得更多的财务投入。

四、农业科技特派员在创新和创业领域的融资特征

经过深入的调研和系统分析，笔者发现，当前农业科技特派员创新创业活动在融资方面表现出了显著的优势，为企业提供了更多的发展机遇。除此之外，农业科技特派员在创新和创业领域的融资特征还体现在以下几个方面：

（一）在农村地区的正规金融机构存融资在一定的困难

多数农业地区的正式金融机构，如国家商业银行、邮政储蓄金融机构、农业信用社、农村商业银行，拥有充裕的财政能力，可以为农业科技人才的创业活动提供贷款。然而，由于农村地区的局限以及农民的认知不足、信息的传播与交流仍然是一个棘手的问题。同时，由于政府部门的监管，贷款的审核程序繁复，贷款的发放过程变得更加复杂。由于当前的金融和信用制度仍然存在缺陷，许多金融机构都需要提供有效的担保和抵押物才能获得贷款。对于那些经济发展水平落后的乡镇来说，为农民提供合法的借钱渠道可能会更加困难。

（二）并非十分依靠公共财政资金的支持

为充分调动农业科技特派员开展创新创业活动，政府实施了专项资金支持，并制定了一系列对农业科技特派员创业的财政支持政策。尽管财政资金为农业科技特派员提供了一定的支持，但是从实际情况来看，这种支持仅仅能在初期阶段体现出来，而且地方政府也没有提供足够的资金来帮助他们进行创新和创业。

（三）大部分资金需求都集中在投资固定资产和无形资产上，以满足经济发展的需求

经过现场考察，笔者得知，农业科技特派员主要的财务支出是购置固定资产，如工厂、生产流水线、试验室和品种培养基。此外，他们还会支付一些非物质性的财政收益，如土地和技术专利的使用。总之，他们的财政支出主要是为了拓展新的市场和带来更多收益，具体包括重新开发新的市场、提

升效率、减少运营成本、提升竞争力。因此，创业者都必须承担很多的财务负担。

五、农业科技特派员在创新创业活动中面临的融资难题

随着科技特派员制度的普及，农业科技特派员的创新创业活动受到了越来越多的关注，但是，在实际操作中，他们的创新创业活动，尤其是在融资方面，仍然存在许多挑战和困难。

（一）由于农业科技特派员的创新创业活动尚未达到规模化水平，因此很难激发外部金融机构的积极参与

近年来，随着政府的支持，农民参与农村创业活动的热潮逐渐升温。然而，许多参与者仍未获得他们所设想的良好结果。据调查，许多参与者的创业活动都偏重于传统的农业领域，缺乏可持续性和可扩张性。因此，政府应该加强对这些活跃的参与者的支持，帮助他们实现更好的商业发展。此外，由于缺乏足够的资源和技术，外资银行在该领域的参与程度显著下滑，从而削弱了其对创新活动的支撑力度。

（二）农村金融服务缺乏多样性，很难为农业科技创新提供更加全面的支持

农业科技特派员的创业活动是一个漫长而复杂的过程，从初创到成长，再到成熟，他们都需要不同类型的融资支持。然而，当前农村地区的金融机构仅仅提供小额信用贷款和农户贷款，缺乏针对不同地域、不同融资者的灵活性政策，从而阻碍了农业科技特派员的创新创业发展。农村金融机构在推动农业发展、促进现代化农业技术普及和保障农产品安全方面缺乏有效的资金支持。

（三）农业科技特派员的创新创业融资体系存在着严重不足，缺乏有效的支持和保障措施

尽管金融机构为农业科技特派员的创新创业活动提供了大量的资金支持，

但是仅凭这些资金支持，仍然无法有效地解决农业科技特派员所面临的融资困境，从而阻碍他们实现更大的发展。农村地区的农业科技创业面临着许多挑战，其中包括缺乏保险、信贷担保和风险投资机制。为了应对这些问题，农业科技特派员需要不断努力，提高自己的能力，并避免由于配套机制不完善而导致的风险。

（四）政府的各项扶持程度需要全面提升，财政资金的投入也相对较少

根据笔者的调查，许多地区都缺乏针对农业科技特派员的专项基金。这些基金的主要来源是当地的三农基础建议项目以及其他政府项目。然而，由于当前的政府项目数量较少，这些基础建议项目仅仅可以提供一定的指导，无法满足农民的创新所必需的财政需求。研究表明，当前的政策对于科技特派员的实际工作并没有起到积极影响，使他们的工作热情受到压抑，无法充分发挥自身的作用。此外，科技特派员的收入情况也受到严重的挑战，从而阻碍他们开展创新创业活动。

（五）农业科技特派员的专业能力和素养存在较大差异

随着“危险承担，收益共享”的推广，农村科技特派员的职责已从传统的技术支持，转变为构建“危险承担，收益共享”的关系，从而解决当前的生产矛盾。然而，由于缺乏多方面的能力，许多农村科技特派员仅仅能够满足其职责的基本需求，如拥有良好的科研能力、项目开发能力、良好的管理水平、良好的市场营销能力、良好的财务状况等，但由于缺乏风险预判能力、企业经营实践以及团队人员能力和素质存在较大差异等，农业科技创新的成功概率非常低，从而导致农业科技特派员陷入了极其严峻的融资难题。

（六）创新和创业活动具有较高的风险

农业技术的创新和经营过程中存在着各种形式的风险。首先，创业具爱有重大风险。创业从零开始到成功需要大量资本，如果融资链出现问题，可能会造成失败。其次，特定的农业科技特派员主要从事农业技术的研发、推广和服务活动，其中农业生产和技术研发是两个高风险领域。农业生产天然

的风险和技术研发的风险使农业技术的商业行为更加容易失败。这些风险的存在使人们对农业科技特派员的创新创业活动持怀疑态度，这反过来又使科技特派员无法获得足够的外部财政支持。目前没有有效措施来降低农业科技特派员的创新创业风险，农业保险制度的发展也尚未完成。因此，建立农业技术保险机制对特定的农业科技特派员来说是紧迫的。

六、农业科技特派员创新创业风险评估研究

为了更好地支持农业科技特派员开展创新创业活动，政府等相关主管部门需要仔细分析他们所面临的风险，并以科学、全面、客观的方式来评估这些风险，以便为他们提供更加精准的金融支持，使他们能够取得成功。

（一）分析创新创业活动的风险，以确保创业成功

根据风险学原则，农民在进行农村科学研究时所承担的风险有两类：一类来自市场、政府或自然因素；另一类来自企业自身。“外部风险”对农业科技特派员开展创新创业活动来说非常关键，它们可能会给公司带来巨大的损失，并且无法被公司内部人士所掌握。这些风险通常分三类：一是产品市场竞争风险，也就是公司所研究的技术、工艺、原材料等可能会被竞争对手仿效。这类风险对公司的财务状态和长期可行性至关重要。二是社会经济环境和政策的影响，积极的政策和上行的经济环境能使科技特派员能够更好地参与到乡镇的发展之中，利于科技特派员和农户的发展。三是外部自然环境的挑战，如气候、土壤、水源等，都会给企业的发展带来潜在的危害。与传统的商业活动相比，农民科技特派员的创新创业活动更加复杂，因此，他们必须更加谨慎，以确保企业的发展。

农业科技特派员的创新创业活动所涉及的内部风险包括从内部到外界的各种因素，它们往往能够被有效地预防、控制或者完全抵御。其中，信用风险体现了对于创业的重视程度，并且对于最终的结果有着重大的影响。内部融资风险，指的是由于公司内部资金短缺以及公司管理层的财务状况所带来的潜在危害，它会严重阻碍公司的财务状态。技术风险，指的是公司在进行

技术研究和应用的过程中所遭遇的困难，它会严重损害公司的利益，因此，外界的投资者应该特别重视此类项目。

（二）构建原则

1. 全面性与科学性原则

在构建一个完善的农业科技特派员创新创业风险评估指标体系时，应当充分考虑各种不同的因素，从而准确地识别出他们的创业活动，并且根据该指标来衡量他们成功与否，从而规避风险，同时也使得其财务状况得到更好的维护。

2. 层次性与逻辑性原则

总的来说，风险评估指标体系是一个相当复杂的系统，而针对农业科技特派员的创新创业行为所构建的体系更加复杂。在构建这一体系时，应注重层次和逻辑，以确保风险评估指标体系的严谨性和易于理解，为农业科技特派员的创新创业活动提供有价值的指导。

3. 可操作性原则

随着技术的发展，风险评价指标体系已经成为一种有效的工具，但在实际应用时，评估者的认知水平和技术水平的提高会导致指标的模糊和失真，进而导致评估结论的不正确性和误判。为了更好地促进农业科技发展，建议建立一个可操作性强的风险评估指标体系，它既要清晰，又要容易理解，并且能够实施。

4. 灵活性原则

为了更好地评估和指导农业科技特派员的创新创业活动，需要建立了一个针对整个地区的农业科技特派员的风险评估指标。由于每个人的独特之处，该风险评估指标体系需要更加关注个人的需求，并努力增强指标的灵活性。

（三）设计和组织评估指标

农业科技特派员的创新创业活动既具有传统农业的脆弱性，又具有科技产业的高风险性，因此，农业科技特派员所承受的风险要远远超过普通的创业者。在本书中，将从六个方面深入探讨这种创新创业的风险评估指标，以期获得更好的发展。

1. 管理风险

管理风险不仅影响着农业科技特派员的创新创业活动，而且也会影响整个融资过程。因此，评估农业科技特派员的管理风险水平，需要考虑他们的专业能力、综合素质、完善的制度体系以及良好的团队协作能力等内容。

农业科技特派员的综合素质是指他们在管理、技术等方面的能力。这些能力不仅会影响企业抵御风险的水平，也能决定企业未来的发展方向。此外，完善的内部管理制度也是必要的，因为它能够有效降低创新创业带来的风险。完善的组织架构是推动创新型企业发展的关键因素。

2. 内部融资风险

企业在寻求外部资金支持时，内部融资状况也是一个非常重要的因素，它可以直接影响企业未来的财务状况。因此，企业的内部风险水平应该综合多种因素进行考量，包括但不限于创业者的筹资能力、组织架构以及业务收入等。

筹资能力指的是一个人在创业时个人的财务状况，因为个人的财务状况可以帮助其在日常经营和生产活动中获得必要的支持。同时，一个优秀的公司的股权架构会极大地促进公司未来的成长，特别是在财富管理方面。这不仅能够帮助公司积累财富，还能够提供更多的投资机会。此外，公司的财务管理也会决定公司发展的好坏。

3. 技术风险

在推动农业科技发展的过程中，技术风险无疑是最重要的因素，它不仅体现在技术的普及率、成熟度、使用寿命等方面，还体现在它的操作意义、安全性、有效性、竞争力、社区效益、经济性、环保效果等方方面面。

技术的成熟度指的是一项技术的质量，这个指标反映出该项目的可靠性、稳定性。如果一项技术没有达到预期的水平，就有可能对公司的经营发展造成严重的负面影响。技术的使用寿命指的是一项技术的使用寿命，这个指标同样对公司的经营有着重要的作用。

4. 市场风险

实践表明，市场风险是影响高新技术从研发到产业化的重要因素，甚至可能导致破坏性的后果。根据农业科技特派员的经验，市场风险可以归纳为市场竞争环境、市场前景、产品竞争力等多个维度。

随着科技的进步，市场竞争的复杂性不断增加，其中包括竞争者的实力、规模、地位以及所处的环境，这些因素均可能提高创新型企业的风险水平。此外，未来的科技行情可能会受到当下的市场环境的影响，从而导致科技行业的风险水平出现波动。产品竞争力指的是一种技术能否满足消费者的需求，它对于农民来说至关重要。如果一个公司的产品能够在市场上脱颖而出，那么它就能够吸引更多的消费者，从而能够减少他们的创新和投资风险。

5. 政策风险

农业科技特派员的创新创业活动既具有较高的风险性，也受到国家政策的影响，因此，他们必须谨慎地考虑产业政策、金融政策和环境保护政策等多种因素，以确保其创新创业活动能够顺利进行。农业科技特派员的创新创业行为面临着来自政府的巨大挑战，尤其是在农业产业和科技产业方面。由于政策的变化，投资者必须谨慎对待这些领域的风险。因此，政府应该加强监管，确保农业科技特派员的创新创业行为顺利进行。

金融政策风险是指国家对金融市场的政策调整，涉及货币、利率、税收等，这些调整可能会对创业者的金融供给造成影响，并且还会导致利率和汇率的波动。环境政策风险则是指农业科技特派员创新创业活动所面临的环境挑战，这些挑战可能会对技术研究造成不利影响，从而影响产品的开发，提高风险水平。

6. 环境风险

随着全球化的不断深入，环境风险已成为一个不可忽视的问题，它不仅可能导致农业科技特派员的创新活动受限，还可能引发更多的不利后果。因此，政府等相关部门必须加强对环境的监管，以确保科技特派员的创新活动能够得到有效的支持，以避免可能出现的不利后果。在当今全球范围内，宏观经济环境的变化可能导致各种不同的风险，这些风险可能来自不同的因素，如经济增长率、经济结构和市场机构、财务状况。这些因素的变化也可能会使农民在当前的情况下进行科学的决策和投资。此外，不同的社会文化背景可能形成不同的商业模式，构建出不同的商业策略和实践，从而给农民的商业决策和投资带来不确定性和不利因素。

通过全面的风险分析，我们确定了几个会对农民工的创新和创业产生重大影响的关键因素，并构建了一个完整的风险评估指标体系。通过使用数值模型和层次分析方法，我们能够准确地衡量出农民工所承受的不同类型的风险，从而更好地支持他们的创新创业活动。该研究基于一个全面的、用于衡量农业科技特派员创新创业风险的指标体系。

七、科技特派员在创业时选择融资的具体策略

（一）特派员创业贷款融资受到多种影响

1. 宏观因素

随着地区经济的不断提升，政府财政投资的力度不断提升，以及各项扶贫政策的不断完善，科技特派员获取了更多的资源、更多的机会，以及更多的资源，可以更好地开展创新创业活动。

因为地区间的经济发展情况存在明显的区别，导致在申请贷款环节，容易产生阻碍。在东部地区，申请者的困境较小，因此申请贷款的成功率较高。但是，在西部地区，申请者的困境较大，因此申请贷款的成功率较低。例如，江苏省申请贷款的成功率最高，约 76%；宁夏回族自治区的成功率约 40%。这也表明，在东部地区，银行的贷款竞争越来越激烈。

2. 微观因素

通过深入研究，笔者分析了特派员创业贷款融资的影响因素，包括性别、年龄、文化程度、偿债能力、企业规模、企业领域等。通过发放 150 份问卷的形式（收回有效问卷 131 份），对微观因素进行研究。

（1）性别。根据最新的研究结果，54% 的科技特派员创业者为男性，46% 的科技特派员创业者为女性，两者相差 8 个百分点。这说明，尽管多年来一直强调男女平等，但仍存在着一定的性别差异，尤其是在受访的创业者当中，男性仍然居多。因此，当其他因素保持不变的情况下，女性科技特派员比男性科技特派员更有可能获得创业贷款。

（2）年龄。研究发现，20 ～ 30 岁的科技特派员往往处于创业的萌芽阶段，他们正处于高等教育阶段，但由于缺乏实践技巧及财力支持，他们往往

无法为当地的农村发展带来帮助。30～45岁的科技特派员具有极大的优势，因为他们具有多年的经验和丰富的专业知识储备，能够熟练掌握各种技能，并且能够有效地帮助其他年轻的应聘者实现自己的梦想。此外，由于他们具有良好的专业素质，能够更好地为其他应聘者进行有效的支持。因此，金融机构对其提供的贷款也更加安全可靠。45岁及以上的科技派员相对稀缺，虽然他们的身心状态都良好，但却很难融入当地的经济发展，因为缺乏必要的支持。许多45岁以上的科技特派员都会选择留守自己的工作岗位，只能短暂地进行访谈、实地调研或进行支持，而无法长期投入城镇的发展。因此，大多数金融机构信用借款的，其年龄段大多介于20～45岁，占总数的86%。

（3）文化程度。研究发现，参与调研的科技特派员包括对象各种教育背景的人才，但仅有13%的人只具备小学或初中文化程度。这表明，对于这些人才的招聘要求较为严苛，因为他们的教育程度直接影响着他们能否为农村提供优质的帮助。87%的特派员拥有高中或更高的学历，这些特派员通常来自高校、科研院所或者政府部门。

（4）偿债能力。笔者把科技特派员的偿债能力划分成三个水平：较差、较低、较好。统计结果显示，只有5%的企业具有较差的能力，23%的企业具有较低的能力，而72%的企业具有较好的能力。这表明，金融机构非常重视考察这些企业的财务状况，并非常关注它们的能力。虽然这些企业的负责人曾经是城镇的公务员，并且具有稳定的工资，但由于他们所处的行业容易遭遇环境和市场不确定性的影响，因此他们的财务状况并不理想。为了支持科技特派员的创新活动，政府已经制定了一系列的措施。然而，金融机构仍然非常重视这些企业的偿债能力，并将其作为重点考虑因素。

（5）企业规模。根据研究，62%的科技特派员能为自己的企业成功申请到贷款。这些企业的规模分别属于小型、中型、较大型。由于这些企业都处于创业阶段，他们的创业方向往往只局限于当前的思路，并且可能会受到其他企业的影响。因此，科技特派员希望通过自己的企业来实现自己的目标，并且能够更好地应对未来的市场竞争。由于这种方式，银行的不良债务风险显著下降，所以对于小企业和微型企业来说，获取信用贷款变得更加轻松。

（6）不同创业领域。通过参与各种不同的行业，如食品加工、生物育种、科技服务、动物防疫站，有利于科技特派员实现自己的梦想，为当地的社会和经济作出贡献。他们的目标不仅仅局限于推销产品，更重要的是通过推广科学的理念和方法，帮助当地的人们实现经济增长。

由于不同行业及其启动资金的差异，能够从金融机构获得贷款的数量也具有明显差异。例如，有机育种和技术服务中心的规模和贷款数额相同，金融机构准备向其提供贷款。由于育种的周期长，受气候和市场变化的影响大，具有不确定性，银行首先会向技术服务中心贷款。

（二）在创业过程中，选择融资方式应遵循的原则

1. 在融资过程中，应遵循收益与成本平衡的原则

当进行融资活动时，应该将投资回报与融资成本进行比较，融资成本既指融资过程的费用，也指由于外部因素的影响而产生的风险。目前，投资的主流模式为财政投资、商务投资、商业银行融资、股票融资，但具体的融资模式可能因外部因素的影响而发生改变。例如，当一家公司采取商务投资时，它可以利用商务信贷来获得投资。但是，当公司的融资活动超出了预算范围时，就可能提高成本。此外，融资成本与融资费用之间的差别可能很大。因此，投资专家需要进一步评估并确定最佳的融资策略。

尽管科技特派员拥有的融资渠道有其局限性，但通过恰当的技术和管理投入，能够达到最佳的效果。如果投入太大，会造成财政资源浪费，从而增加财务负担；而投入太少，则会影响公司的日常发展，甚至会使其运营陷入僵局。在进行融资时，这个因素必须被充分重视，并且应该作为最重要的决定。

2. 在选择融资时机时应该遵循的原则

融资机会是指在特定情况下，企业可以通过改变其所处的环境或条件来获得资金。这个过程需要企业与外部环境相互协作，以适应新的市场需求并获得更多的融资机会。其具体原则如下：

（1）为了适应日新月异的社会环境，必须不断调整策略。

在某些情况下，融资可能成为一种迫切的需求。尽管一些公司受到了内在的经济和政治因素的影响，但总体来说，全球经济形势的变化仍然是决

策的重点。例如，在金融危机和家畜流行病的时候，许多银行都不太愿意向农村地区提供信用支持。此时，这些公司为渡过难关，会寻找较为宽裕的市场。

（2）密切关注利率和汇率变化。变化的利率与汇率会对融资时机产生重大影响。由于汇率与利率的不断波动，特派员应该密切监控，把握良好的时机，迅速采取行动。

（三）在决定融资时间时应遵循的原则

根据其所处的时间段，公司的融资可以被划分为短期贷款或中长期贷款。在决定贷款的数额时，应该综合考量投资偏向以及贷款的使用目的等多方面的因素。

若融资是为了短期的流动生产使用，具有周期短和易于变现的特点，宜采用短期贷款和商业信用贷款等；若融资款项是购买设备和固定资产等，宜采用长期融资，如发行股票和证券等。

（四）在融资过程中应该掌握控制权

在融资过程中，掌握控制权对于保持企业的自治、独立以及确保盈利至关重要。举个例子，当企业进行了一次募集，但新的股东希望拥有更多的控制权时，企业可能会选择拒绝接受，为保持对企业的控制力，或者选择放弃部分股份，以获得更多的财富。

（五）优化资本结构的基本原则

资本结构的优化取决于投资的可靠性，因此，融资方式的选取应该根据当前的市场情况来决定。例如，在收益率较为稳定的情况下，可以选用稳定收益率的融资方式，而在收益率出现浮动的情况时，则应该采用浮动利率的融资方式。影响投资成功率的因素很多，但最重要的一点就是要谨慎选择融资渠道。通过结合多种融资渠道，如债券、股权投资、信托投资等，企业才能够有效地提高融资成功率。为了获得更好的投资回报，企业应该从众多的投资策略中挑选出一种能够降低投入的方式。然而，即使采用了这种方式，也并非总能达到理想的投入效果。因此，企业必须综合考量申请标准、股价变化以及其他因素，以便优化投入的资金配置。

八、推进农业科技特派员创新创业金融支持对策

（一）创业金融支持环境建设

政府应该采取更多措施来支持农业科技特派员的创新和创业活动，包括制定完善的金融政策和提供更加丰富的金融服务，这些措施可以帮助他们在创业过程中获得更多的资金，并且可以为他们的创新和创业活动提供良好的外部融资环境。

1. 通过实施新的政策，促进了银行和金融机构的信贷投入

第一，我国正在大力改善农村经济环境，以促进农民的创新和就业。在此过程中，银行和金融机构将成为重要的资金来源，政府通过实施优惠的政策，激励金融机构更好地帮助农民。此外，我国还将继续完善现代化的企业管理制度，并通过信用评估和审计，帮助农民和其他相关组织获得更多的财务和税收优惠。第二，为了更好地支持农民的发展，需要建立一个能够有效抵御金融市场风险的机制。这个机制将由政府、金融机构、专家和媒体等共同组成，旨在帮助农民降低经济损失。第三，还需要完善农民的融资担保政策，并采取更加灵活的措施来促进他们的发展。第四，为了满足农民的创新和就业需要，应该大力支持金融机构开拓多种可供选择的农业科技创业贷款方案，并积极探索和实施各种全面的、有效的融资渠道。

2. 建立一个能够保障农业科技发展的保险体系

农业保险是促进农业产业和农村经济发展的关键因素，因此，政府和有关部门应该加强对农业科技特派员的支持，制定政策性和合作性的农业保险措施，以确保他们能够获得充分的保障，从而实现他们的创新创业梦想。为了支持农业科技特派员的创新和发展，政府应该积极推动建立一家具有较强技术能力和资金实力的政策性农业保险公司，并给予充足的资助和补贴，以便为他们提供政策性的保险准备金。为了提高农业生产效率，还应该加强农业合作保险的实施，建立一个专门针对农业科技特派员的创业保险体系，以

减少保险费用，拓宽承包范围。

3. 建立一个专注于农业科技和金融的中介服务平台

作为一个重要的枢纽，农业科技金融中介服务平台能够有效地满足农民了解财税、税收等多种金融信息及办理相关业务，促进农民的发展。因此，有必要在政策指导下，加强对农业科技的支持，推动其发展，并在此基础上，搭建一个完善的、高效的、能够反映实际情况的、能够满足不同行业的金融服务体系，从而促进农民的财税收益。

（二）完善农业科技特派员的工作流程和机制

正确的管理、有效的培训以及良好的综合能力，是保障农村科技特派员获得良好的发展前景的关键因素。因此，应当建立有力的政策、法规、激励措施，以及有力的监督体系，以确保农业科技特派员能够获得充足的财政补贴，并且能够获得良好的社会认可，从而促进他们的创业活动。

1. 我们将成立农业科技特派员创业协会，以促进农业发展

为了更好地支持农业科技特派员的创业活动，需要构建一个覆盖全国的农业科技特派员创业协会体系。该体系不仅能够帮助解决农业科技特派员在创业的道路上遇到的困难，而且能够为创业者提供持续的技术支持和专业的指导，并且能够为创业者提供实践性的指导，帮助他们更好的实施创业计划。通过建立该协会，可以更好地促进农民和科学家的共同发展，并且可以通过共同承诺来帮助他们应对财务困难，从而促进他们的创新和发展。

2. 通过提高农业科技特派员和创业者的综合能力来实现他们的目标

对于农业科技特派员而言，其综合能力是决定其能否取得成功的关键因素。因此，必须加强对他们的培养，以确保他们能够拥有丰富的专业知识和实践能力以及良好的财务状况，以便更好地为企业发展作出贡献。为了更好地推进农村科技创业，首先，应进行专门的培训，以增强科技特派员的专业能力。其次，通过组织各种形式的活动，让科技特派员参与到实践中来，以使用先进的技术指导生产实践。此外，还应定期组织专家和学者的讨论会，以便更好地指导和帮助科技特派员实现他们的目标。

3. 完善农业科技特派员企业的风险管理体系，确保其可持续发展

作为一名农业科技专家，其创业活动可能会存在各种各样的风险。其中，最困难的问题是，它会严重损害公众的信任，并降低公司的融资能力。因此，政府有责任帮助他们更好地管理和控制他们的项目，并确保他们能够适当地调整自己的策略，以避免不利的后果。

第六章
科技特派员制度在河北省的实践

第一节　河北省科技特派员制度的现状、成效分析

一、2020 年以前河北省科技特派员工作成效

河北省高度重视科技特派员工作，认真贯彻落实习近平总书记关于科技特派员制度的重要指示精神，自 2004 年推行科技特派员制度以来，利用“三区”人才资金（连片特困区、片区外国家重点县、片区外省级重点县）深入开展科技服务，在助力打赢脱贫攻坚战，推动乡村振兴中取得了显著成效。

（一）谋部署：多部门联动构筑制度保障

河北省科技特派员工作开始试点以来，紧紧围绕国家和省委、省政府重要战略部署，以服务“三农”为出发点和落脚点，出台了一系列政策文件，为推动科技特派员工作提供了坚实的政策支持和完善的制度保障。特别是 2016 年以来，河北省的科技特派员工作由部门推动提高到省政府统一部署、省直有关部门联合推动的新高度。同时，各市积极落实科技特派员制度，相应出台了实施意见。全省科技特派员工作形成了各部门协同、省市县联动的工作推进机制。随着制度建设不断深入，各地也逐步形成了有地方特色的科

技特派员模式。2016 年开始，唐山市玉田县推行“基层科技特派员制度”，弥补了基层科技服务弱化的短板；石家庄从 2014 年起遴选工业科技特派员，加速了工业企业转型升级步伐；张家口市赤城县积极对接县域外优势资源，建立了“18+18+18”科技特派员帮扶模式。

（二）抓对接：开创科技精准扶贫新模式

河北省在持续加大科技特派员选派和培养力度，持续扩大科技特派员工作覆盖面的同时，不断创新帮扶模式。对内，深入实施“三区”人才支持计划科技人员专项，组织科技特派员与贫困地区挂钩对接，累计选派科技特派员 4700 多人次，实现了科技服务在 62 个贫困县、10 个深度贫困县的 206 个深度贫困村全覆盖。对外，积极引进京津科技创新资源，持续实施《京冀科技扶贫协作三年行动计划（2018—2020）》，推广“京津专家 + 扶贫产业 + 贫困户”科技扶贫模式。引入京津合作专家 589 名，签订帮扶协议 120 个，开展技术指导 847 场次，服务合作社、企业 1085 次。

（三）重弘扬：“太行山新愚公”树立新典范

科技特派员制度在河北省推行以来取得了显著的成效，涌现出了“太行山新愚公”李保国、“杂交谷子之父”赵治海、国家脱贫攻坚创新奖获得者孙建设等一批先进典型。2016 年，为贯彻落实习近平总书记对李保国同志先进事迹作出的重要批示精神，河北省印发了《关于进一步弘扬李保国精神 扎实推进科技助力扶贫脱贫工作意见》，广泛利用各种新闻媒体、党刊杂志加强宣传报道，形成了全社会关心支持科技特派员工作的良好舆论氛围。在“太行山新愚公”精神感召下，在精准扶贫期间，一批批科技特派员在贫困地区以专家服务团、李保国式扶贫志愿服务队和志愿扶贫小分队等形式长期稳定活跃在扶贫第一线，建立了科技特派员工作站 800 多个，带动了大批大学生村官投入科技特派员队伍。

二、2020 年以来河北省科技特派员改革进展

2020 年 11 月，河北省政府办公厅印发了《关于全面深入推行科技特派员

制度的实施方案》(以下简称《实施方案》),确立了农业、企业、乡镇三个类别的科技特派员队伍,构建了科技特派员工作站、工作室、科技专干、管理服务平台的支撑体系。近年来,省科技厅根据《实施方案》要求,加强工作组织,在全省广大科技人员的紧密配合和共同努力下,新时期科技特派员工作顺利开局起步,取得较好工作成效。

(一)扩大队伍来源,拓展服务领域

将高校、科研院所、退休专家、外省专家、外国专家等纳入科技特派员推荐来源,建立了农业、企业、乡镇科技特派员队伍,在进一步深化科技特派员对“三农”服务的基础上,把科技特派员服务从农业领域拓展至工业和现代服务业领域,把企业作为科技特派员服务的重要对象,进一步增强了科技创新对经济发展的引领和支撑作用。截至 2021 年 10 月底,全省备案了 3232 名科技特派员,其中,派驻了 1418 名科技特派员,派驻地点如图 6-1 所示,形成了支撑产业技术创新的强大力量储备。

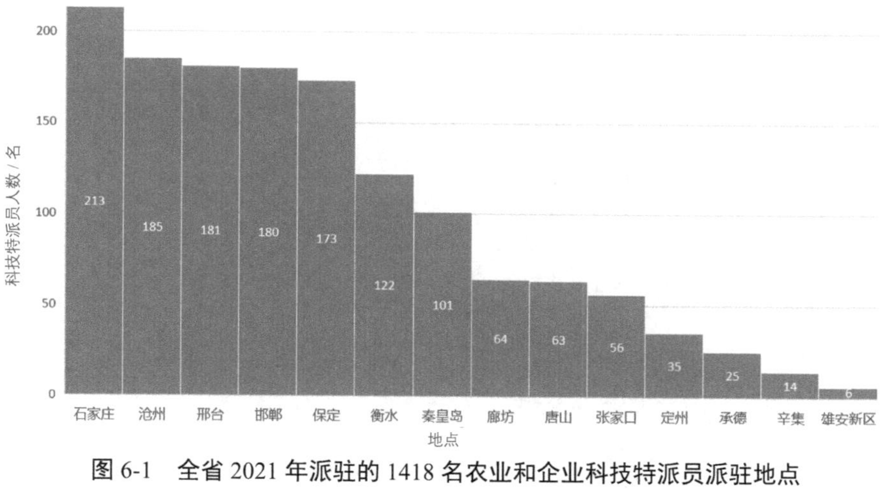

图 6-1 全省 2021 年派驻的 1418 名农业和企业科技特派员派驻地点

(二)构建保障体系,强化服务职能

按照体系化推动的原则,在乡镇(街道)和省级以上园区设立科技特派员工作站,在高校、科研院所设立科技特派员工作室,在企业等被服务对象内部培育科技专干,形成支撑科技特派员工作开展的全链条服务保障体系。目前已

经在乡镇（街道）政府和省级以上园区管委会建设科技特派员工作站476个，在高校、科研机构建设科技特派员工作室43个，在企业、农业合作社等单位内部培育科技专干719名。工作站、工作室、科技专干有效解决了科技服务中的信息不对称问题，为科技特派员安心服务、高效服务提供了有力支持。

（三）坚持需求导向，组织供需对接

围绕科技成果转化，解决科技创新的“最后一公里”问题，通过企业、合作社上报，工作站征集，乡镇特派员征集，管理服务平台征集等途径，深入挖掘企业科技需求。2021年，河北省共征集技术研发、成果转化、人才培训、平台建设等方面的科技需求1049项；由科技行政管理部门将相关科技需求信息发到省内相关高校和科研院所，各高校和科研院所组织广大科技人员结合自身专业特长，与企业、合作社等单位进行合作对接。通过供需对接，引导广大科技特派员面向经济建设主战场开展科技服务。2021年，河北省科技特派员服务领域遍布重工业、高新技术产业、农业、服务业、轻工业、建筑业等各个领域（见图6-2）。

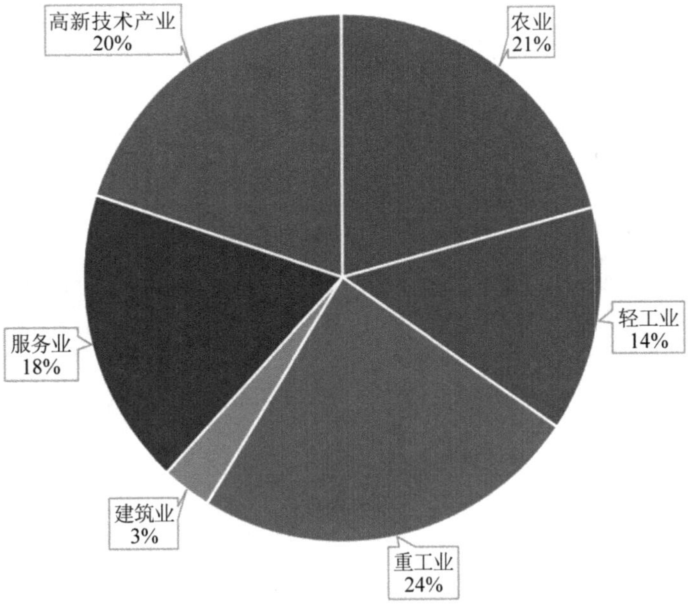

图6-2　河北省2021年派驻的1418名农业和企业科技特派员派驻领域

（四）创新管理方式，充实基层力量

除了在乡镇建设科技特派员工作站之外，河北省在全国首创了“乡镇科技特派员”，即在选派农业和企业科技特派员的基础上，根据乡镇、街道最基层一级政府的工作特点，在乡镇、街道选拔了一批有科技管理工作经验、有专业技术知识的公务员或事业单位人员作为乡镇科技特派员，协助农业科技特派员和企业科技特派员开展工作，做好乡镇企业科技需求的征集，并根据省、市、县科技工作部署，落实相关工作任务。目前河北全省已培育乡镇科技特派员 1049 名，覆盖了全省乡镇（街道）的 46.5%，有效解决了基层科技力量薄弱的问题，促进了科技创新政策落地的“最后一公里”问题的解决，提高了基层科技创新管理工作能力，优化了基层科技创新环境。

（五）搭建智慧平台，提升服务效率

为提高科技特派员工作效率，省科技厅搭建了“河北省科技特派员综合管理服务平台”。平台为科技特派员、服务单位、派出单位和管理部门提供信息发布、审批管理、人员培训、综合管理等全流程服务。平台通过大数据进行智能匹配，按照匹配度的高低实现多点推送，提高了科技供需对接效率，搭建了高校院所科技人员与企业对接的桥梁，从根本上解决了科技人才和科技成果供需对接的问题，为推动高校院所科技成果转化、激发科技人员创新创业活力发挥了重要作用。

三、河北省科技特派员现状调研

为全面掌握河北省科技特派员制度现状，了解在科技特派员管理模式、服务方式、服务绩效等方面的详细情况，笔者在 2021 年 3 月至 11 月期间，面向河北省科技特派员管理部门、科技特派员个人、服务对象等，通过深度访谈和问卷调查两种方式展开调研。

深度访谈主要面向五类群体：省市两级科技行政管理部门、社会化服务组织、派出单位、派驻单位和科技特派员工作站，具体情况如表 6-1 所示。

问卷调查以正在派驻中的科技特派员为对象，主要调查科技特派员服务影响因素、科技特派员技术专长与企业需求的匹配程度、派驻单位对科技特派员服务的评价、科技特派员对于智慧化管理服务平台的态度、科技特派员当年服务情况和未来服务决策等。本次问卷调查采取“问卷星”线上问卷平台，平台自动导出有效问卷共151份。

表6-1　深度访谈对象及访谈内容

受访者类型	访谈时间	访谈对象	主要访谈内容
省市两级科技行政管理部门	2021年3月	承德市科学技术局 秦皇岛市科学技术局 唐山市科学技术局	（1）本地科技特派员、工作站、工作室的工作开展情况 （2）科技特派员工作创新情况
	2021年4月	河北省科技厅区域创新处	（1）科技特派员经费制度建设情况 （2）科技特派员选派情况
	2021年6月	河北省科技厅区域创新处	（1）科技特派员管理办法出台情况 （2）科技特派员培训组织情况
	2021年11月	抚宁区科技和工业信息化局	（1）科技特派员管理工作开展情况 （2）科技特派员服务绩效情况
社会化服务组织	2021年6月	河北省高新技术企业协会	科技特派员队伍建设情况
	2021年9月	河北省高新技术企业协会	（1）科技特派员管理服务平台建设情况 （2）科技特派员绩效评价设计
派出单位	2021年3月	燕山大学 东北大学秦皇岛分校 河北建材学院 河北省农林科学院	（1）科技特派员派出情况 （2）科技特派员服务意愿 （3）科技特派员考核情况 （4）科技特派员工作创新情况
	2021年5月	东北石油大学秦皇岛分校	科技特派员工作室建设情况
	2021年7月	河北建材学院	（1）科技特派员工作室建设情况 （2）科技特派员管理与考核
	2021年12月	河北农业大学	（1）科技特派员工作室建设情况 （2）科技特派员能力建设情况
	2021年4月	承德神栗食品有限公司等20家公司	（1）科技特派员能力现状 （2）科技特派员服务模式
科技特派员工作站	2021年7年	青龙县马圈子镇工作站 黄骅市滕庄子镇工作站 滦南县柏各庄镇工作站	（1）科技特派员工作站建设情况 （2）科技特派员服务绩效

（一）科技特派员服务内容

受访的 151 名科技特派员中，约 1/2 的科技特派员的服务内容涉及“技术研发、技术咨询与技术推广”，其次为“政策宣讲、战略咨询、管理培训”和“资质申报、项目申报”，分别约占 1/4 和 1/5。可见，科技特派员在传统技术服务的同时，已经向政策、战略、管理等领域进行拓展。相比而言，仅有 3 名科技特派员服务内容涉及“账务服务、法务服务”，仅有 12 名科技特派员服务内容涉及“市场开发、产品销售”。在前期对派驻单位的深度访谈中，“账务服务、法务服务”和“市场开发、产品销售”是企业需求较高的业务领域。

（二）科技特派员服务影响因素

调研结果显示，影响科技人员选择服务对象的前三位因素分别是：“自身技术专长与服务对象需求的匹配度”，占 84.03%；“与服务对象的前期合作基础”，占 52.78%；“与服务对象熟悉程度”，占 40.97%。具体到科技特派员选择当前所派驻单位的各项原因中，“有过实质性合作”是主要的影响因素；其次是“尽管未有合作，但比较熟悉”；“从未合作过，并不熟悉，本年度首次达成合作”者仅占 18.75%。可见，尽管“自身技术专长与服务对象需求的匹配度”是科技特派员选择服务对象最主要的影响因素，但在实践中科技特派员服务范围受其与服务对象前期熟悉程度的限制；现有科技供需对接局限于“熟人社会”，未来迫切需要在更大范围内实现科技供需对接和科技要素流动。为此，要大力推广智慧管理服务平台的使用，提升科技要素供需对接效率。

（三）派驻单位科技需求满足情况

关于“能否满足派驻单位的科技需求”，受访的 151 名科技特派员中，仅有 30.56% 的科技特派员表示“对于派驻单位的科技需求，其专业特长能够完全满足”，而另外 30.56% 的科技特派员表示“在相关领域的专家配合下能够满足”，38.89% 的科技特派员表示“需要一定的资金、设备、人员投入，方可满足”。关于“在您服务派驻单位的过程中，是否需要其他领域专业人员的协助”的调查，受访的 151 名科技特派员中，49.31% 的科技特派员表示“需要相关领域的人员协助，我会找同事 / 同行协助”，40.97% 的科技特派员表示“需要相关领域的人员协助，企业有相关人员协助”，2.08% 的科技特派员表示“需要相关领域的人员协助，但难以获得协助”，7.64% 的科技特派员表示“不需要其他专业领域人员协助”。可见科技特派员基本能够满足派驻单位需求，但其开展服务仍需要同事、同行、企业相关人员的协助和配合，反映出目前科技特派员“一对一”服务模式有待改进和完善。

（四）派驻单位研发资源配置

关于派驻单位的研发资源配置情况，30.56% 的科技特派员表示其派驻单位“没有研发机构，没有研发人员”，31.94% 的科技特派员表示“没有研发机构，有研发人员，但研发活动不充分”，31.25% 的科技特派员表示“有研发机构，有研发人员，但研发活动不充分”，仅有 6.25% 的科技特派员表示“有研发机构，有研发人员，研发活动比较充分”。可见目前我省企业、合作社等科技需求方的研发资源配置水平较低。

（五）管理服务平台使用

科技特派员管理服务平台为省科技厅建设的“河北省科技特派员综合管理服务系统”。关于科技特派员使用“河北省科技特派员综合管理服务系统”的情况，受访的 151 名科技特派员中，45.83% 的科技特派员表示会“主动登录，平台对工作有一定帮助”，6.25% 的科技特派员表示“经常使用，已经通过平台促成了技术服务”；但由于平台运行时间较短，仍有 47.92% 的科技特派员对于平台“还不太了解，只有在被要求使用的时候才用”。

关于科技特派员是否了解并且使用过“河北省科技特派员综合管理服务系统”的“我找企业”功能，15.28% 的科技特派员表示“不了解，没用过”，47.22% 的科技特派员表示“了解，暂没用过”，21.53% 的科技特派员表示“虽不了解，但愿意使用”，15.97% 的科技特派员表示“了解，并且经常使用”。

关于科技特派员是否了解并且使用过“河北省科技特派员综合管理服务系统”的“企业找我”功能，29.86% 的科技特派员表示“不了解，没用过”，

40.97% 的科技特派员表示“查看过，暂时没有企业申请”，27.78% 的科技特派员表示“查看过，已有企业申请，可能开展合作”，1.39% 的科技特派员表示“查看过，已有企业申请，但不打算合作”。

“河北省科技特派员综合管理服务系统”自 2021 年 9 月正式开通以来，在尚未进行系统培训和推广的情况下，科技特派员使用积极性较高，且已有为数较多的科技特派员通过管理服务平台与企业建立了联系，为今后的合作打下了良好的基础。随着管理服务平台的大力推广，将会成为促进科技特派员和企业沟通合作的重要途径。

（六）科技特派员服务频次和补助水平

关于本年度赴派驻单位开展服务的次数，受访科技特派员赴企业服务的次数平均为 7 ～ 10 次。关于“除了您的派驻单位之外，其他企业、农户或基层组织联系您寻求科技服务的次数”，受访的 151 名科技特派员均表示有此情况，其中四分之一的科技特派员表示除了派驻单位之外，其他企业等寻求科技服务的次数在 10 次以上；可见“一员对一企”的派驻方式难以满足实践中广大企业、合作社等市场主体的科技需求，这一矛盾既对扩大科技特派员队伍规模提出了要求，也对向“一员对多企”的派驻模式进行改进提出了要求。

关于目前的科技特派员补助水平，受访的 151 名科技特派员中，47.22% 的科技特派员表示“能够满足日常基本开支，但无法支撑科技服务项目开支”，29.86% 的科技特派员表示“勉强维持日常基本开支，但无法支撑科技服务项目开支”，较少有科技特派员表示“无法维持日常基本开支，也无法支撑科技服务项目开支”或者“能够满足日常基本开支，也能够支撑科技服务项目开支”。可见，目前的“1 万元 / 年”的补助水平能够满足日常基本开支，但是对于科技项目开支难以起到支撑作用。

（七）科技特派员接受考核意愿

关于科技特派员考核制度，57.64% 的科技特派员认为考核“非常有必要”或者“比较有必要”。仅有 6.94% 的科技特派员认为“没必要”。在前期的深度访谈中，科技特派员普遍认同“有补助则须考核”的做法。科技特派员对于考核的普遍认可和接受为下一步制定考核或绩效评价相关政策奠定了良好的认识基础。

第二节　河北省科技特派员制度的问题分析

河北省科技特派员制度在全国建立较早，行动较快。十余年来，河北省共有上万名科技特派员与贫困地区对接，为促进全省脱贫攻坚和全面建成小康社会作出了巨大贡献，深受群众欢迎。尽管取得了突出成效，但与先进省份相比，与科技进步的需求相比，与新时代的要求相比，河北省科技特派员在服务的深度和广度、服务的范围和领域、服务的机制和保障上还存在一定差距。通过问卷调研、深度访谈和对比分析，我省科技特派员工作存在的问题集中在以下几个方面：

一、组织方式单一，队伍规模有待扩大

首先，长期以来的科技特派员服务以单项技术推广为主，难以适应全产业链对于技术集成、信息集成、人才集成的要求，组织方式停留在“单人—单向技术”层次，“组团—产业链”科技服务方式还不普遍。其次，科技特派员力量分布存在空间上的不均衡。以 2021 年派驻的 1418 名科技特派员派驻地点为例，目前派驻到 GDP 全省前四位地级市唐山、石家庄、沧州、邯郸的科技特派员共有 641 人，占派驻总人数的 45.2%；而派驻到 GDP 全省后四位地级市衡水、秦皇岛、承德、张家口的科技特派员仅为 304 人，占派驻总数的 21.4%；张承地区分布明显不足，两地加起来仅有 81 名科技特派员，仅占全省科技特派员队伍的 5.7%。科技特派员空间分布不均，欠发达地区科技服务力量较为薄弱，队伍规模亟待扩大，针对欠发达地区的科技特派员派驻力度尤须加强。

二、服务期限较短，产业带动有待提升

从派驻期限看，目前多数省份规定科技特派员服务期为 2 年（如湖北、广

东等）至3年（如山东、贵州等），深入基层服务时间每年不少于1个月（如山东）至2个月（如湖北）。河北省以1年为服务期限，且没有规定明确的服务天数，不利于科技特派员和服务对象建立长期合作关系，也不利于针对产业关键技术持续开展攻关。从派驻领域看，现有科技特派员队伍的专业技能结构与地方主导产业高质量发展需求的匹配度有待提高，全省面向生物医药、电子信息、高端制造、氢能等高新技术产业派驻科技特派员仅为20%，派驻力度有待加强。

三、改革刚刚起步，支撑体系有待完善

根据《实施方案》精神，河北省打造了由科技特派员工作站、科技特派员工作室、科技专干、管理服务平台组成的新型科技特派员服务支撑体系，并提出了到2025年底实现高新技术企业和规模以上企业科技专干、全省乡镇（街道）科技特派员工作站服务全覆盖的工作目标。在实际工作中，工作站的建设和管理主体以乡镇为主，乡镇普遍存在人员短缺、财力困难等问题；科技专干来自企业，部分企业对于科技创新的重要性认识不足；管理服务平台由于刚刚投入运行，使用频率较低，在促进科技合作达成、促进科技供需双方信息交流方面的功能还有待发挥。如何形成高效便捷的支撑体系，提升科技特派员服务效能，更好地促进科技管理资源整合，有待进一步探索。

四、工作经费不足，缺乏专项支持项目

河北省现行省级科技特派员执行每人每年1万元的工作经费补助标准，补助标准与全国其他省份有较大差距（如表6-2所示），尚未设立科技特派员专项支持项目。前期调研和访谈结果都进一步说明了目前在工作补助方面存在的问题：科技特派员在服务过程中，面对服务对象的技术难题，缺乏专项经费支持，难以开展研究和攻关，不利于构建长效、稳定的服务机制。

表 6-2　部分省份科技特派员经费支持情况

省份	经费支持情况
山东	设立“科技特派员行动计划项目”，每个项目补助经费 20 万元左右
浙江	10 万元 /（人·年） 优先支持优秀科技特派员个人、团队和法人牵头各类科技计划、人才计划和科技创新平台项目
福建	2 万元 /（人·年） 对带动性强、成效明显的项目进行 50 万～ 100 万元的一次性经费奖励
广东	由企业以悬赏方式与科技特派员签订技术开发合同并支付悬赏金额；省科技厅按照企业支付的悬赏金额的一定比例给予不超过 15 万元（本省）或 20 万元（外省）的配套资助
河南	3 万元 /（人·年）
贵州	2 万元 /（人·年）
河北	1 万元 /（人·年）

第三节　河北省科技特派员制度的优化

为使科技特派员制度更好地服务于创新型河北建设，更好地推动乡村振兴工作，河北省积极借鉴先进省份的先进经验，坚持需求导向、问题导向、效果导向，结合本省实际，从派驻方式、服务模式、选拔机制、绩效评价、经费支持等方面深化制度创新。

一、明确制度设计导向

（一）坚持需求导向

习近平总书记在全国科技创新大会、两院院士大会、中国科协第九次全国代表大会上的讲话指出：“人民的需要和呼唤，是科技进步和创新的时代声音。”科技工作既要满足人民群众需求，又要顺应经济社会发展需要。科技特派员制度的出发点和立足点应是国家和人民的发展需求。在科技特派员选拔、派驻时，要始终坚持“能为服务对象所用”的需求导向。对于河北省而言，办好“三件大事”、打造京津科技成果转化集中承载地、加快发展现代产业体系、大力发展“五个农业”、全面推动乡村振兴、建设数字河北，均是当前和未来一段时间全省高质量发展的迫切需求，也是科技特派员工作应精准聚焦、持续发力、努力开拓的重点领域。

（二）坚持问题导向

科技服务要以“解决问题”为目的。科技特派员在深入基层、深入生产的实践中应该能够快速、准确地判断问题，开展精准研究，有针对性地突破高质量发展的瓶颈和障碍。在科技特派员绩效评价、经费资助等制度的设计上，要把是否解决了实际问题、能否有助于解决实际问题、解决问题的实际成效如何，作为标准和依据。

（三）坚持效果导向

科技特派员的工作效果并非体现在发表论文、申请专利、出版著作，而是其服务绩效是否给服务对象带来实实在在的效益。因此，对于科技特派员工作的评价和激励制度的设计，要坚持为服务对象作出实际贡献的效果导向。特别是在激励制度设计上，要优化科技人员成果转化收益分配机制，切实发挥知识价值导向收入分配政策的激励作用，对引领企业转型升级效果好、带动农民增收效果实、推动关键技术攻关效果显著的科技特派员，在职称评聘、职务晋升等方面，留足政策“端口”，最大限度调动科技人员的积极性，激励广大科技人员加入科技特派员队伍，推动科技人才、科技资源、科技成果不断向企业和基层流动、转化和扩散，促进更多科技成果资本化、产业化。

二、明确制度优化重点

（一）派驻方式优化

在派驻方式上，推进“个人派驻＋团队派驻”相结合，实现创新链和产业链紧密融合。在现有“个人科技特派员”选派工作基础上，按照“学科链对接产业链、围绕产业链部署创新链”的基本思路，鼓励科技特派员以组建科技特派团的形式广泛开展合作，充分发挥出科技特派团的整体优势，解决单兵作战、服务单一、力量分散的问题。在建设重点上，科技特派团的组建应重点面向乡村产业振兴的需求，以农业科技特派员为主，围绕地方优势特色产业组建跨学科、跨领域的“全产业链”科技特派团，加大现代农业重大技术协同攻关和推广服务力度。在成员构成上，科技特派团的组建应推动“跨界协同”，促进科技特派员技术服务由生产、加工环节向检测、流通、销售、品牌等全产业链条延伸覆盖。在组织边界上，科技特派团可以县域为基本单位，探索以主管科技副县长担任科技特派团团长的管理方式，推动科技特派员工作在县域层面的组织化、体系化，根据县域主导产业发展需求，有效服务县域经济发展。

（二）服务模式优化

在服务模式方面，推进“兼职人员+专职人员”相结合，助力长期攻关和乡村创新创业。企业等服务对象的转型升级和科技创新是一个长期持续的过程，而我省现有科技特派员队伍以兼职人员为主，服务期限以年为周期，时间较短且存在一定的随意性。建议大胆探索科技特派员长期专职服务的实现形式，推动部分科技特派员和服务对象结成利益联合体。一方面，在围绕县域特色优势产业全产业链建立科技特派团的基础上，推广河北科技师范学院从“点对点”到“团围链”再到“团建站”的精准服务模式，选择一批农业全产业链“链主”企业，以建设“‘链主’企业专家工作站”的方式，实现从“短期兼职服务”向“长期专职服务”的延伸，协助企业围绕产业链中关键技术开展专项攻关，条件成熟后适时成立产业技术研究院和产业学院，在推动研发活动进一步制度化、长期化的同时，为地方经济发展持续输送技术和人才。另一方面，借鉴先进省份经验，落实“专业技术人员到企业挂职或者参与项目合作、在职创办企业”相关政策，探索与驻村工作队相结合，培育一批带动乡村创新创业的“专职科技特派员”，采取以奖代补、设立创业支持专项等方式对于科技特派员领办、创办的企业和社团法人进行扶持；探索开展省级科技特派员领办、创办企业享受研发费用加计扣除、创新券等优惠政策试点，提高科技特派员创业带动能力，推动创新创业项目在乡村落地生根，形成长期的利益共同体和经济增长点。

（三）选拔机制优化

在选拔机制上，推进“自主报名＋双向选择”相结合，引导科技力量服务重点领域和区域。现有的选拔方式是在科技人员“自主报名”的基础上，各级科技行政管理部门进行审核和派驻，这一选拔方式充分尊重了科技特派员和企业的自主选择权，但对于解决薄弱地区“最后一公里”和“重点领域重点突破”等问题仍需加强政府引导的力量。建议面向经济基础薄弱的重点区域和全省十四五重点发展的领域加强科技特派员的选拔。从区域上，面向坝上等经济基础薄弱地区，围绕“一域一业”，开展“定向选派”，巩固拓展脱贫攻坚成果，全面推进乡村振兴。在领域上，直接备案和选派一批聚焦“三件大事”、生物医药、电子信息、高端制造等重点领域的优秀科技特派员和科技特派团，集中力量，精准聚焦，持续发力。

（四）绩效评价优化

在绩效评价上，推进“派出单位＋服务对象”相结合，形成以“服务成效”为主要依据的激励制度；明确三类科技特派员职责，分类设计绩效评价指标、方式和等次。构建服务对象评价占主要权重的科技特派员评价指标体系，县级管理部门基于“服务成效”得出的意见占主要权重的工作站评价指标体系，以及科技特派员数量占主要权重的工作室评价指标体系；同时，基于“存量制度盘活”的思路加强绩效评价结果运用，推进科技、人社、教育、财政以及组织、宣传等部门的政策协同，对评价等次为“优秀”的科技特派员在职称评聘、职务晋升等方面采取指标单列、加分等方式优先考虑；对“优秀”的工作站、工作室予以表彰或提高经费补助数额；对于积极组织科技特派员选拔、派驻工作的单位，在省级科技计划项目中予以名额支持。

（五）经费补助优化

在经费补助上，推进“按人资助＋按项目资助”相结合，构建有助于长期攻关的经费体系。现有“按人头”每年每人 1 万元的工作补助确保了科技特派员开展服务所发生的交通、差旅、资料、保险等必要支出。但在科技特派员协助服务对象开展科技项目攻关方面的经费需求还没有纳入省级科技计划项目中。一是建议在现有“按人头”给予“工作补贴”的基础上，瞄准传统优势产业迈向中高端的关键技术问题，设立“省级科技特派员科技专项”，采取“科技特派员报题”的方式，制定相应的资金管理办法，促进科技特派员“边服务、边研究、边转化”。二是建议设立“企业科技特派员专项”，采取“企业报题”的方式，由企业科技特派员从服务企业实践中凝练科技项目选题，在企业进行 1 ∶ 1 配套的基础上，申请专项项目支持。三是建议实施重大成果奖励专项，对省级科技特派员创办、领办经济实体且经营良好的，或围绕主导产业开展技术合作取得突破性进展、实质性成果的，采取设立奖励专项的方式，给予持续经费支持。通过“按项目支持”，形成“政府财政投入 + 企业经费投入 + 科技特派员技术投入”的多元化方式，建立有效的产学研合作关系，引导企业与科技人员开展长期合作。

第四节　河北省科技特派员制度实践的典型案例

课题组按照“实践、认识、再实践、再认识”的实践论方法，开展了一系列实践探索与理论创新，并充分运用研究成果，指导河北科技师范学院科技特派员工作开展，推动科技特派员制度不断改革创新，取得显著成效。

一、案例概述

河北科技师范学院于 2004 年起在全省率先实施科技特派员制度。在课题组理论成果指导下，2007 年学校出台了《关于做好科技特派员工作的实施意见》，后又制定并三次修订《科技特派员（团）管理办法》，将科技特派员工作成效纳入二级学院考核和职称评审办法，有力推动了科技特派员工作开展。经过十几年的持续实践和不懈创新，学院科技特派员工作逐步开创了一条从“点对点”到“团围链”，又到“团建站”，再到“站变院”的精准服务之路。全校 47 支多学科“跨界融合”的科技特派团，围绕全省各县区板栗、葡萄、甘薯、农机等地方主导产业，开展从研发到品牌的“全产业链”科技服务。近年来，学院选择若干关联度高、带动力强的产业链“链主”企业，以成立“专家工作站”的方式，将科技特派团建在“链主”企业上，有效推动了产业高质量发展。2020 年起，随着“链主”企业专家工作站建设的持续推进，学校启动了与企业和地方政府联合成立产业技术研究院的工作，推动成立了一批“有人员、有场地、有经费、有项目”的校企联合共建研发机构。同时，面对地方主导产业发展的人才瓶颈，学校立足多年来科技特派团服务昌黎县葡萄酒产业的基础，与地方政府、行业领军企业共同成立了“葡萄酒学院”，并于 2021 年成功获批国家级现代产业学院，在推动研发活动进一步体系化的同时，探索了校地合作共同为地方经济发展培养和输送人才的可持续路径（见图 6-3）。

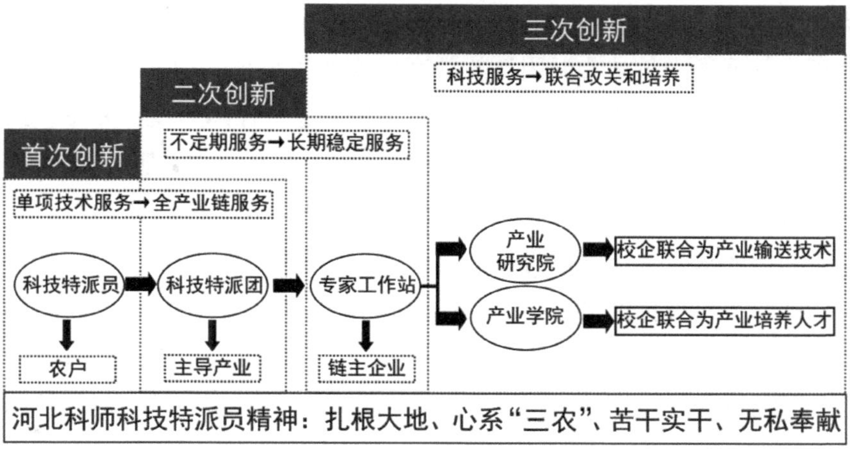

图 6-3　河北科技师范学院科技特派员工作的三次创新

经过十几年的持续实践和探索，学院科技特派员工作有力支撑了地方产业高质量发展；培育了“把论文写在祖国的大地上”的科研文化；形成了具有应用型大学特色的“对接产业搞研究，扎根大地办教育”师风和校风；凝练了“扎根大地、心系“三农”、苦干实干、无私奉献”的河北科技师范学院科技特派员精神；涌现出一批先进人物和事迹；开创了“在无私奉献中立德，在服务地方中树人”的人才培养实践；学校还通过广泛开展科技特派员主题画展、宣讲、演艺、歌曲等文化建设，大力弘扬了科技特派员精神，厚植了广大师生勇于担当、无私奉献的家国情怀；探索出围绕产业链布局创新链、人才链的有效实现模式。

二、创新做法

（一）坚持制度引领，为科技特派员工作提供制度保障

十几年来，课题组不断开展科技特派员选派方式和服务模式探索，推动学校较早出台并随着形势发展多次修订管理办法，先后出台了四个科技特派员（团）管理文件（院科字〔2007〕2 号、校科字〔2014〕5 号、校科字〔2017〕4 号、校技转字〔2021〕4 号）。2007 年首次制定管理办法，在总结前期科技特派员工作经验和不足的基础上，明确了科技特派员服务职责、派出方式、管理主体等内容，推动了科技特派员工作的规范化和制度化；2014 年第一次修订管理办法时，课题组敏锐把握县域产业发展的科技需求，推动学校正式开展了“科技特派团”的制度化管理和实践；2017 年第二次修订管理办法时，加大了对科技特派员（团）工作的经费保障力度，并将科技特派员身份作为教师职称评审依据之一，激发了广大科技工作者服务地方积极性；2021 年第三次修订办理办法，课题组把握新时期科技特派员工作所面临的新形势和新要求，推动学校将科技特派团派至县域产业的龙头企业，建立专家工作站，将科技特派员（团）工作成效纳入二级学院考核，并和学校成果转移转化、产学研合作基地等制度一同设计、一同推动，深化了科技特派员（团）工作的改革与创新。通过一系列制度建设，为科技特派员制度长期可持续发展奠定了制度基础。

（二）推动组团服务，主动对接“全产业链”发展需要

学校开展科技特派员工作之初，服务形式以科技特派员个人为主，服务内容和服务范围具有一定的局限性。随着科技特派员工作的不断深入，学校确立了“创新链对接产业链，学科群服务产业群”的基本思路，积极探索科技特派团的服务模式，组建由校内多学科、多部门科技人员组成的 1 个“区域科技特派团”和 46 个“产业科技特派团”，实现了服务模式由科技特派员向科技特派团的转变，服务领域由单一产业向产业集群的拓展，服务内容由产业链的某个环节向整个产业链延伸，构建起科技特派员服务全产业链的新格局。

（三）适时变站为院，推动科技帮扶变为联合攻关和联合培养

为了促进科技服务的长期化、稳定化，更好地把脉区域主导产业发展的科技创新需求，学校选择若干关联度高、带动力强、业态丰富的产业链“链主”企业，以成立“专家工作站”的方式，以县为单位，将科技特派团建在了县域优势特色产业“链主”企业上，与企业围绕产业关键技术问题开展联合攻关。随着“链主”企业专家工作站建设的持续推进，学校启动了与企业和地方政府联合成立产业技术研究院的工作，在中薯集团、朗格斯、嘉诚实业集团等“链主”企业成立了多家产业技术研究院，成为“有人员、有场地、有经费、有项目”的校企联合共建研发机构。学校也被列为“科技部科技特派员培训基地”。

2020 年 8 月 29 日，时任教育部部长陈宝生到青龙满族自治县学校科技特派员板栗基地考察调研并对学校科技特派员精准扶贫工作给予高度肯定。由于板栗科技特派团工作成效显著，2020 年学校获批“板栗产业技术教育部工程研究中心”，是教育部首个建在非骨干院校的教育部工程研究中心。

2021 年，面对地方主导产业发展的人才瓶颈，在食品加工科技特派团十几年来服务昌黎县葡萄酒产业的基础上，学校与地方政府、行业领军企业共同成立了河北省国家级葡萄酒现代产业学院，将校企联合培养地方产业创新人才从理论探索落实到实践中来，为产业可持续发展提供了创新人才保障。

三、案例启示

河北科技师范学院坚持理论研究与实践创新融合互促，在系列研究成果指导下，立足学科优势，不断探索新模式新路径，科技特派员工作逐步实现了从“点对点”到“团围链”的初次创新，从“团围链”到“团建站”的二次创新，从“团建站”到“站变院”的三次创新。

初次创新，学院选派综合素质高、专业能力强的科技特派员深入基层，开展技术创新、技术服务和成果应用转化，在有效服务三农、助力脱贫攻坚中发挥了重要作用。

二次创新，学院确定了“创新链对接产业链，学科群服务产业群”的基

本原则，在组织形式上实现了由科技特派员向科技特派团的转变，在人员来源上实现了由自然科学领域向人文社会科学领域的拓展，在服务对象上实现了由产业链单一环节向全产业链延伸，有力推动了地方主导产业高质量发展。

三次创新，学院将科技服务进一步深化为校地联合为产业输送技术、培养人才的产学研密切合作新模式，探索出围绕产业链布局创新链、人才链的有效实现路径。